本书由天津市教育委员会科研计划项目（2020SK112）、
天津市社会科学界千名学者服务基层大调研应用合作项目（2005002）资助出版

中国服务企业品牌忠诚的形成路径研究

王丹丹◎著

经济管理出版社
ECONOMY & MANAGEMENT PUBLISHING HOUSE

图书在版编目（CIP）数据

中国服务企业品牌忠诚的形成路径研究/王丹丹著. —北京：经济管理出版社，2021.6

ISBN 978-7-5096-8101-5

Ⅰ.①中… Ⅱ.①王… Ⅲ.①服务业—企业管理—品牌战略—研究—中国
Ⅳ.①F726.9

中国版本图书馆 CIP 数据核字（2021）第 131126 号

组稿编辑：张莉琼
责任编辑：张莉琼
责任印制：黄章平
责任校对：张晓燕

出版发行：经济管理出版社
（北京市海淀区北蜂窝 8 号中雅大厦 A 座 11 层 100038）
网　　址：www.E-mp.com.cn
电　　话：（010）51915602
印　　刷：唐山玺诚印务有限公司
经　　销：新华书店
开　　本：710mm×1000mm /16
印　　张：12
字　　数：197 千字
版　　次：2021 年 8 月第 1 版　2021 年 8 月第 1 次印刷
书　　号：ISBN 978-7-5096-8101-5
定　　价：78.00 元

前　言

服务经济是现代经济的重要标志，服务业是现代产业的主体。社会生产的林林总总，人民生活的方方面面，都与服务业息息相关。加快发展服务业不仅有利于加强经济建设与管理创新、提高人民生活水平和质量，而且有利于发挥我国人力资源丰富的优势、促进创新型国家建设、推动经济由大变强。服务经济的蓬勃发展使服务品牌的研究更加迫切，服务品牌管理成为服务营销研究的新主题。在服务品牌化的过程中，员工及顾客的互动及其行为表现是品牌形象的组成部分，因此，如何实现员工品牌内化及其与顾客体验之间的关系便成为本书研究的重要内容。

本书的主要内容包括以下几项：①对服务品牌、企业员工内化、品牌体验及品牌忠诚的概念进行界定，针对目前研究的不足，明晰本书研究的内容。②通过理论推演，构建员工品牌内化与品牌忠诚之间的关系模型。通过内部驱动要素（品牌培训、品牌激励和品牌沟通）及外部驱动要素（品牌形象、品牌声誉和品牌认同）实现品牌内化。这样员工才会以消费者需求为导向，不断提升服务水平使消费者形成更好的品牌体验。由于体验是一种客观存在的心理需求，体验的结果是顾客满意与否（顾客满意度）的根源。而顾客满意水平的不同，最终形成了顾客对服务品牌的忠诚与否。③使用纵向案例分析法验证品牌内化与品牌忠诚的关系模型，通过质性研究揭示各个维度之间的互动关系，并分析相关命题的支持情况；使用语言学中话语分析的方法对案例企业访谈资料及文献资料进行由表层形式到深层功能的分析，运用矩阵表、脉络图、因果网络图对案例企业的品牌忠诚形成过程分别进行呈现，通过个案复制性检验来验证概念模型及命题。④依据验证的概念模型及相关命题，为企业形成品牌忠诚提出相关策略和实现方案。

通过上述研究工作，本书得出的主要研究结论包括：①员工特别是一线员工是品牌形成的重要一环，员工如果乐于参与工作，积极服务顾客，顾客就会有良好的体验。②企业员工利用资源和技术为顾客提供产品和服务，顾客不同程度地参与到服务的生产和消费过程中，企业和员工通过一系列的互动活动实现服务和产品的价值。随着企业—顾客交互界面的增长，服务接触对顾客未来的购买行为和口头传播有着巨大的影响，这些接触应通过长期关系方法仔细管理，以保证持续的交易。③服务消费在很大程度上是过程消费，服务的顾客价值基本上是在服务过程中形成的，对以过程消费为主的服务业，形成品牌忠诚的关键是顾客体验。④由于顾客体验所带来的满意水平不同，最终形成了顾客对服务品牌的忠诚与否。品牌忠诚实现的有效形式是通过对内清晰的品牌识别、领导风格的改善及企业内部业务流程的优化提升员工的品牌内化，进而强化品牌体验，建立企业与顾客的忠诚的运作机制。

本书的研究贡献主要体现在：①服务企业品牌案例分析丰富了以理论解释企业品牌行为的研究。②所构建的品牌内化—品牌体验—品牌忠诚过程模型有利于为处于探索阶段的企业品牌管理提供方法论。③明晰品牌定位、领导者风格的改善、品牌社区等为提升顾客品牌体验最终形成品牌忠诚提供有效的途径。

目 录

1 引 言

1.1 研究背景及意义

由于新冠肺炎疫情的冲击，全球经济社会正经历百年未有之大变局。中国政府明确提出加快推动形成以国内大循环为主体、国内国际双循环相互促进的新发展格局。经济社会高质量发展将在新格局构建中起到关键和决定性作用。

中国服务业近年来发展迅速，2019 年服务业增加值占 GDP 的 53.9%，对经济增长的贡献率达 60.5%，从业人员占全部劳动从业人员比重近 50%，成为经济稳定的压舱石和经济增长的动力源。新冠肺炎疫情导致各行业生产经营活动恢复缓慢，短期内供给和需求同步萎缩，对我国 2020 年第一季度的经济表现造成重要影响。服务业在经济运行过程中举足轻重，但在新冠肺炎疫情的影响中首当其冲。疫情期间，以隔离为主要手段的疫情防控措施，直接影响了与人们日常生活紧密联系的生活性服务业。大规模的隔离措施降低了外出消费频次，减少了直接消费需求，大量面向消费者提供最终消费服务的场所被迫歇业、停业，进一步减少了服务供给量。最典型的就是住宿餐饮、休闲娱乐、文化旅游等非刚需、可选择性消费的传统服务行业。这些面对面提供服务的行业恢复营业的时间完全取决于各地疫情控制情况，受到疫情的冲击最大。根据国家统计局数据显示，受疫情影响，中国 2020 年批发和零售业、住宿和餐饮业、租赁和商务服务业呈现负增长，增长率分别为-1.3%、-13.1%、-5.3%。

服务经济是现代经济的重要标志，服务业是现代产业的主体。社会生产的林林总总，人民生活的方方面面，都与服务业息息相关。疫情之后如何加快发展服务业，不仅是经济社会复苏的重要推动力和显著标志，也是中国科学合理地调整产业结构、加速经济高质量发展的客观需求。服务经济的蓬勃发展使服务品牌的研究更加迫切，服务品牌管理成为服务营销研究的新型主题。服务品牌化问题受到学术界关注是从20世纪80年代开始的。虽然历经近三十年的嬗变，但这一理论仍不成熟。Daniela 和 Giuseppe（2018）指出理论界存在着一种倾向：有形商品品牌化经营已经深入人心，服务品牌却鲜被提及或被关注。消费者的资产（品牌）关系到消费者对商品或服务品牌的信任，相对于那些没有品牌的商品和服务，这种信任便影响到消费者的决定和选择。根据京东大数据研究院2020年8月发布的《用户调查报告》，一个重要的结论就是一个强有力的品牌形象开发可能使组织受益，反过来品牌形象可能受益于高水平员工的满意度、执行力、服务质量，以及受益于消费者的品牌忠诚度和雇员离职的减少。因此，在服务品牌化的过程中，员工及顾客的互动及其行为表现是品牌形象的组成部分，如何实现员工品牌内化及其与顾客体验之间的关系便成为一个重要议题。

1.1.1 新业态下服务企业的品牌建设需求日益提高

现代服务业新业态是指在移动互联网、物联网、云计算、大数据等新一代信息技术广泛渗透的背景下，现代服务业内部以及现代服务业与传统服务业、制造业之间不断分化融合，重构企业价值链、产业价值链、产业之间价值链而实现的现代服务业运营的新兴组织形态。现代服务业新业态的发展，不仅改变了传统的生产方式和消费方式，满足了人民群众日益增长的美好生活需求，而且进一步推进了产业的技术创新、模式创新、业态创新、市场创新、组织创新，提升了经济增长的新动能。服务经济的蓬勃发展使服务品牌的研究更加迫切，服务品牌化成为服务营销研究的新型主题。由于服务具有无形性、生产与消费的不可分离性、服务产品异质性和易逝性等特点，服务管理主要是针对服务质量的管理。但服务品牌化不仅仅是对服务质量的管理，服务品牌化意味着企业需要创立整体的品牌形象和品牌声誉，良好的品牌声誉将给企业带来更多的销售机会和利润，强势品牌可以创造持续的竞争优势，可以增进顾客对购买无形服务的信任。有别于一般产品，顾客通常将服务企业的品牌视为该企业提供的服务品牌，为顾客提供服务的员工是品牌资产的重要组成部分。服务型企业可以通过培养高素质员工来获得强大的竞争优势，高素质员工可以将企业的品牌内涵及文化传递给顾客并对顾客的需求迅速做出反应，清楚地了解顾客的诉求并准确地向顾客传达品牌信息。

近年来，服务业领域的新品牌不断涌现，基于互联网等服务应用和创新日益活跃，改变了很多传统的生产和消费模式。因此，发展新业态下的服务品牌是增强服务业核心竞争力、创新服务理念、强化商业模式的关键，品牌建设也将使服务业适应生产消费形势的变化，释放出新的活力。

1.1.2 顾客体验成为衡量服务品牌的重要议题

品牌的成功往往被认为是服务提供商为消费者提供了有效客户体验的结果。这种体验产生于消费者接触到企业的产品、服务及品牌的时候（Houcine & Gàbor，2018）。有效的客户体验可以为企业赢得持续的消费者及回头客（Daniela & Giuseppe，2018），因为目前的市场环境要求企业为消费者提供品牌化的体验而非简单的买卖交易，也就说依据品牌承诺，企业应为消费者提供差异性的消费体验，以满足消费者的品牌预期并为他们创造价值（Raeisi & Suhaili，2020）。Houcine 和 Gàbor（2018）认为，品牌体验是顾客对产品主观内化的反应（包括感觉，认知等）及由品牌设计意识及包装、交流环境等与品牌相关的刺激物所唤起的购买行为。Raeisi 和 Suhaili（2020）进一步定义品牌体验是消费者与公司或其产品、服务所发生的任何接触行为，有效的品牌体验是企业在激烈的竞争中立于不败之地的有效途径。

当前学术界的研究重点已经从如何为顾客创造价值转移到如何让顾客获得品牌体验。顾客品牌体验的途径研究主要是通过品牌内化及组织承诺（Monica & Paul，2019；Raeisi & Suhaili，2020）来实现的。Monica（2019）认为，品牌内化就是为实现组织目标，将企业的文化及价值观内化为员工的价值观的过程。因为企业的产品向消费者展示了品牌属性、形象及功用，而产品所承载的价值观、愿景及目标等则将作为一个品牌传递给员工。其他学者将品牌内化定义为授权员工以一致的方式向顾客传递最恰当生动的品牌体验的战略过程。

1.1.3 员工是服务企业品牌关系的核心

有关品牌内化的文献显示，尽管品牌是属于顾客体验的概念（Raeisi & Suhaili，2020），但这种体验与员工体验密切结合的，也就是说将品牌承诺在传递给消费者之前先传递给员工才是有效的品牌管理方式（Gabriela & Mellina，2019；Monica & Paul，2019）。品牌内化过程首先将对消费者的品牌承诺传递给企业员工（Shuai et al.，2017），并使员工个人的意愿及价值观与组织的品牌承诺相一致。依据 Gabriela（2019）的定义，员工的品牌承诺不仅表现在其工作满意度及对企业产品及品牌的拥护上，更在于组织中的每一个成员都理解并致力于企业品牌战略的实施，而这种承诺需要通过品牌内化得以实现（Shuai et al.，2017）。品牌内化激励员工理解企业愿景和战略，给予员工正确的工作定位并使其致力于履行组织承诺（Monica & Paul，2019）。员工的组织承诺与一系列有助于企业成功的因素紧密相连，包括顾客忠诚、顾客购买意愿以及企业的财务绩效。品牌内化使企业员工致力于不同服务阶段的价值创造，因为在顾客看来，企业员工就代表着服务品牌（Gabriela & Mellina，2019）。

1.1.4 服务品牌的传播需内外兼顾

以往学者研究品牌传播过分关注品牌的顾客驱动因素，忽视其他利益相关者的重要性和多变性，其结果是造成营销目标和营销传播目标相互冲突。Abraham（2012）研究发现，同时关注员工及消费者的企业收益增长率是那些只注重有限利益相关者的 4 倍，前者股票上涨 901%，后者却只有 91%。由于忽视企业内部员工等其他相关者的存在，品牌信息的获取渠道相对较少，自然无法达到品牌传播的效果。实际上，品牌信息传播的对象不仅仅是顾客，还包括企业内部的员工、投资者、供应商等利益相关者。因此，服务企业不仅要注重品牌的外部传播，还要注重品牌的内部沟通。

许多品牌管理领域的学者认为，现阶段的品牌管理层次较低，尚不能从企业战略的高度审视品牌管理的重要性。创造、维持及发展良好品牌关系的责任不应只归属于企业的某一特定部门，因为它不是一项职能。对于服务企业来说，品牌体验发生在顾客与服务品牌接触的各个阶段（Ha-Won et al.，2019），如果把品牌管理仅仅作为一项职能由营销部门来管理，品牌在企业内部缺乏有效沟通，也就无法实现品牌的有效顾客体验。在企业竞争已经向品牌竞争全面转型的商业时代，企业必须从战略高度对品牌实现内外部的全面管理，不仅管理顾客视角的品牌形象，而且要促成员工积极的品牌态度和行为，维持企业品牌的持续发展，通过有效的组织承诺，实现员工对品牌的全面认同。

1.2 研究目的及问题

内部营销不应局限于工作层面，而应拓展到品牌层面；品牌关系不仅要关注顾客，还要关注员工。因此，企业要实施全面品牌管理，应通过有效的品牌承诺提升员工对品牌的认知及良好的顾客体验，最终实现品牌忠诚。鉴于现有对企业品牌内化及顾客体验之间的关系研究较少，本书拟通过多案例研究，深入探究员工品牌内化对品牌忠诚的影响，进而研究品牌的内部营销范式，以形成对服务企业品牌内化特征及其对顾客体验的作用路径做全面系统地探讨。本书以服务企业员工品牌内化、顾客体验及品牌忠诚为研究对象，引入内化的作用机制进行理论构建，旨在剖析服务企业“员工—品牌—顾客”三者之间的关系，揭示如何通过品牌内化，使员工为顾客创造积极的品牌体验并最终形成品牌忠诚。在服务的情境下，员工成为企业为顾客创造价值的重要纽带，为了使顾客获得个性化的品牌体验，员工需具备相关知识。在传递服务品牌的过程中，顾客成为服务过程的参与者并为自己创造价值。因此，本书主要研究以下三个问题：①探究服务组织的品牌内化过程；②探求品牌内化对顾客获得积极品牌体验中的作用；③探求品牌内化转换成品牌承诺的过程中，何种因素发挥了最重要的影响作用（见图 1.1）。

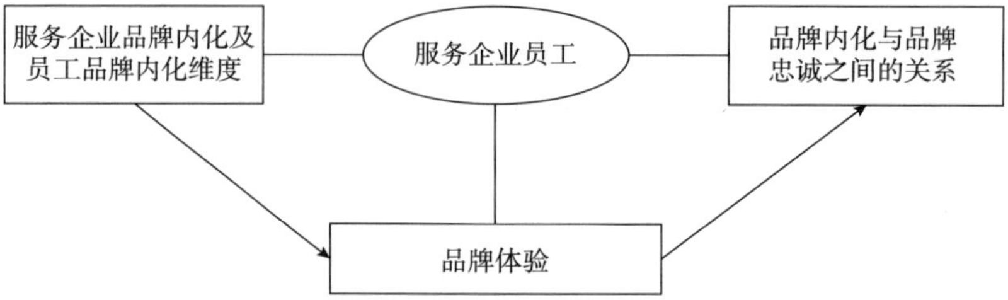

图 1.1　本书的主要研究问题

1.3　研究方法及技术路线

1.3.1　研究方法

（1）文献梳理。一方面，通过检索 EBSCO、Emerald、Proquest、LexisNexis Environmental、LexiasNexis Academic、Wiley InterScience 等外文数据库，就品牌管理、品牌内化、顾客体验等关键词进行系统性的检索，并重点关注了 *Journal of Marketing Research*、*Journal of Marketing Management*、*Journal of International Marketing* 等国际顶级期刊在这些主题下的研究。对其中的重要学者，例如 Leonard Lee、Hannes Datta、Johannes D. 等，通过他们就职高校的官方网站查找这些学者的个人主页，跟踪其最新研究进展。另一方面，就所确定的关键词，以天津财经大学图书馆提供的 CNKI 中文数据库进行国内相关研究文献的系统检索，重点查找了品牌内化、顾客体验、品牌忠诚等领域的文献和著作，以确保获取文献的全面性。

（2）逻辑推理法与理论演绎法。本书主要研究品牌内化与品牌忠诚的关系，由于涉及品牌管理中的品牌内化、顾客体验等内容，所以本书采用逻辑推理的方法，将复杂的理论体系进行梳理和总结，而后采用理论演绎方法在理论框架下建构概念模式。

（3）纵向案例研究法。依据 Eisenhardt（1985）关于案例研究的相关论证，本书选取纵向多案例研究方法验证概念模型，首先，案例研究可以更好地解答“为什么”“怎么样”等性质的议题，有助于探究服务企业品牌忠诚形成的全过程；其次，相对于单案例研究的特殊性，多案例的研究方法通过全面细致地解析 3~4 个企业的品牌忠诚形成过程，归纳演绎其相同点，从而得出更具有普适性的结论；最后，通过纵向多案例研究，有助于清晰区分服务企业品牌忠诚形成过程的不同阶段，从而为实践活动提供具有可复制性的操作指导。

（4）质性研究法。本书通过在现象中探析事物的发展过程，发现某些规律性与合理的稳定关系，因此数据资料较适合采用质性研究法。质性分析方法可依据客观事实，描述和解释并保留住时间过程，精确地看出事件发生的前因后果及相互关系。本书通过使用语言学中话语分析方法，对访谈资料及文档资料进行由表层形式到深层功能的分析，运用脉络图对案例企业顾客忠诚的形成过程进行呈现；运用因果状态图发现品牌内化与顾客忠诚之间的关系及顾客体验的中介作用；通过个案之间的相同点及因果状态的匹配性检验证明个案的可复制性，从而细化修正概念模式并验证相关命题。

1.3.2 技术路线

在确定了研究主题和研究内容之后，本书的研究路线如图 1.2 所示。

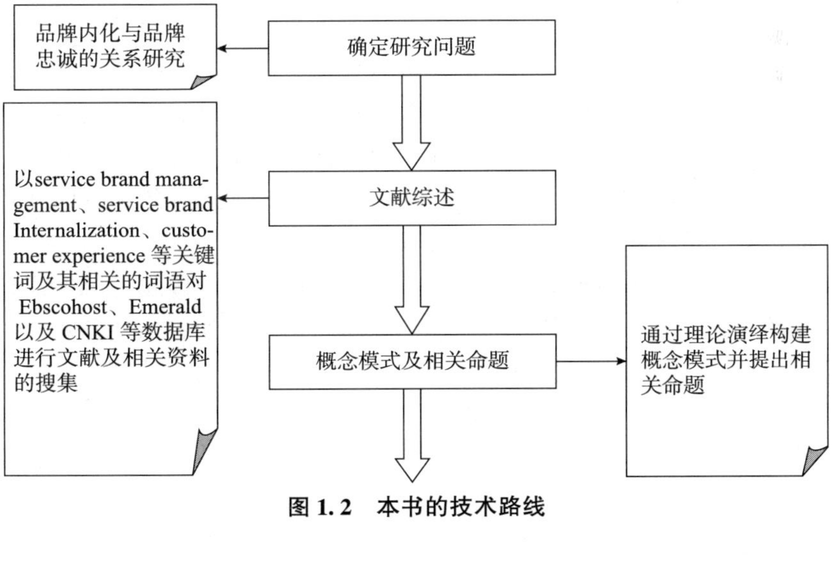

图 1.2 本书的技术路线

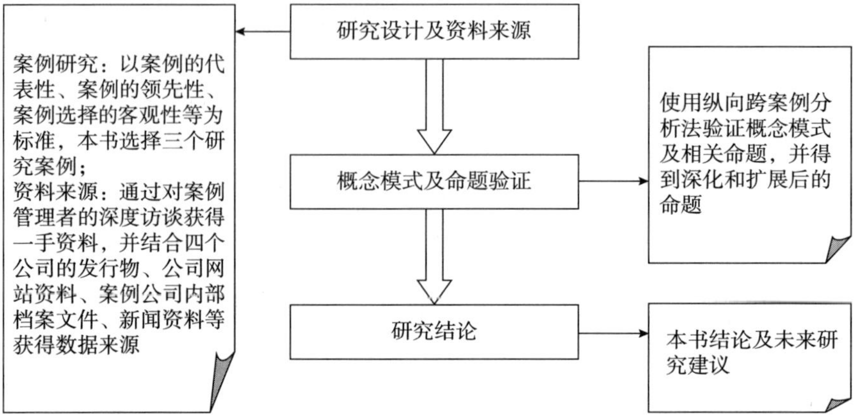

图 1.2　本书的技术路线（续）

资料来源：作者编制。

1.4　本书创新点

本书的创新之处主要体现在以下几点：

第一，基于品牌关系、服务营销及消费者忠诚等相关理论，本书构建了服务品牌内化与顾客忠诚的理论模型及作用机制。探究出员工特别是一线员工是品牌的重要组成部分，员工如果乐于参与工作，积极服务并响应顾客，就会形成良好的顾客体验。本书通过深入剖析品牌内化对顾客忠诚的影响，探讨了服务企业品牌内部管理的共性问题，具有普适性和规律性，研究结论对服务企业品牌管理具有指导作用。

第二，本书采用多案例复制检验方法，验证了品牌内化与顾客忠诚之间的关系模型，通过质性研究揭示各个维度之间的互动关系并分析相关命题的支持情况；使用语言学中话语分析的方法对案例企业访谈资料及文献资料进行由表层形式到深层功能的分析，运用矩阵表、脉络图、因果网络图对案例企业的品牌忠诚形成过程分别进行呈现，通过个案复制性检验来验证概念模型及命题。这不仅探索出中国情境下服务企业品牌内化特征及维度，同时为新业态下的服务企业品牌内化、消费者忠诚及服务企业品牌化等研究提供一定的理论基础。

第三，本书验证了品牌体验在服务企业品牌内化及顾客忠诚之间关系的中介效应，深层次解释了员工与品牌及顾客之间的互动模式，揭示了员工品牌内化与顾客体验、顾客体验与品牌忠诚的作用机理；为服务企业应对新冠肺炎疫情冲击下的经济社会新格局、中国经济的高质量发展需求及顾客体验管理提供了新策略。

2

文献回顾与评述

2.1 服务品牌相关研究

2.1.1 服务品牌化

依据 Philip Kotler 的营销观点，服务品牌化意味着创立整体的企业品牌形象和品牌声誉（Giannina & Keith，2018），服务品牌化也是一种向顾客表明企业设计特殊的、名副其实的服务项目的方式，由于服务是无形的，评估服务品牌、传播品牌的价值、塑造品牌形象就更加困难，服务品牌化的重要性比产品品牌化更大。一种有效的宣传服务品牌价值的方式是宣传“企业做事的方式”，这意味着企业中任何一个与顾客有联系的员工都要尽可能地通过行为表现来持续强化服务品牌。

服务过程的管理是服务品牌化的重要内容。从服务剧场模型来看，可以把服务比作一场戏剧，拥有与舞台产品一样的构成要素：演员、观众、实施与表演。演员（服务员工）是那些为观众（顾客）生产服务的人。实施的设计既要考虑演员的需要，又要考虑观众的需要，对于演员（旅馆接待员、理发师和售票员）而言，除了他们的业务水平，其外表与举止也会影响顾客对服务的感知。员工的服装、服饰和风度以及完成必要工作的技能都会影响顾客对所接受服务的评价，服务企业应鼓励员工把自己作为演员来认识自己在服务过程中的作用。从生产模型来看，Weihua 等（2020）提出服务产出模型和服务营销组合一样，可以识别出一些更为深层次的东西，该模型一方面向组织内部延伸，让员工意识到影响组织进行服务设计的重要因素是企业使命及服务理念；另一方面也要向顾客延伸，需要考虑顾客带入服务体验过程的期望及影响因素（如个人需要、营销沟通等）。这些因素的融入及延伸有利于剖析员工、顾客及品牌之间的互动内容及关系形势。

此外，服务有形组合模型以及服务产出模型都强调员工在顾客接触和服务提供过程中的作用，四种服务体验的模型比较如表 2.1 所示。顾客对服务质量的感知既包括顾客对服务交互过程的总体评价，也包括对服务人员的评价，如果员工有良好的服务表现，那么顾客喜欢上品牌的可能性就会更大。

表 2.1 四种服务体验分析模型的比较

一般模型	服务有形组合	服务剧场模型	服务产出模型	服务生产系统模型
服务实施	有形证据	实施：前台与后台	有形区、无形区	支持部分（不可见的）互动部分（可见的）
员工	参与者	演员	接触员工	接触员工
顾客	参与者	观众	顾客 A（中心顾客）顾客 B（其他顾客）	顾客
服务过程	服务装配过程	表演	服务利益包	各要素的固有功能

资料来源：作者整理。

服务营销的挑战之一是相对于产品，服务是无形的，并且在质量上可能会有所不同，这取决于具体服务的人（Jamil & Rima，2018），此外，品牌能帮助识别企业所提供的各种各样的服务。由于服务品牌通常指公司品牌，所以从公司的视角来认识服务品牌非常重要。服务品牌化的复杂性在于它涉及更多的利益相关者，这就要求对营销计划和品牌信息传播进行整合。服务品牌的定位基础是清晰的竞争定位，这又取决于企业的战略，因此需要对企业内部运营管理以及企业内部人员的品牌关系进行深入研究，以支持品牌战略的实施。

尽管产品的营销可能会有服务的成分，比如产品的售后服务等，但服务品牌管理与企业行为的相关性远大于产品品牌管理。Tao 等（2019）指出，与生产型企业相比，品牌资产对于服务企业同样重要，服务企业创造客户价值的来源不同，品牌管理方式也不同。他认为服务品牌管理应关注以下四个方面：①与众不同。重视创新而不是模仿，通过与众不同的服务内容和服务方式建立品牌关系，在顾客心目中形成独特的品牌形象。②维护自己的声誉。强势品牌提供的服务不仅要与众不同，而且要对顾客有价值。③建立情感纽带。情感是服务内在的要素，也是品牌最重要的价值体现，品牌应超越经济和理性的联系，能够创造信任感、亲近感和亲密感。④品牌的内部化。由于品牌关系很大程度上是在服务过程中创造的，员工对品牌关系的形成具有核心作用。WooHyuk 等（2017）通过对资深专家的深度访谈构建了服务品牌化的模型，强调品牌定位、品牌价值、品牌的一致性和系统性对服务品牌化的重要性。品牌的一致性包括品牌价值和员工行为的一致性、内外部传播和员工行为的一致性。

为了成功塑造服务品牌形象，服务企业应把品牌理念转换成内部员工明确的工作目标，并对员工的工作效果进行评级，从上至下把顾客看作企业一切经营活动的核心。服务企业管理者应按照品牌价值链的要求，将塑造品牌置于企业战略管理的高度，关注各利益相关者的品牌认知和关系，尤其提供服务员工的品牌认知和关系。

2.1.2 服务品牌建设中员工的角色

服务企业员工因服务性质和对象的不同被分为一线员工（Front-line Employee）、接触员工（Customer-contact Employee）和服务员工（Service Employee），有的学者将服务企业员工统称为边界员工（Boundary-spanning Employee），包括销售人员（Salespeople）和销售服务人员（Sales Service People）等。本书所研究的员工更接近于接触员工的定义，因为员工品牌内化的目的之一是提升员工的顾客导向行为。

员工是服务差异化和竞争优势的源泉，顾客满意、感知的服务质量和保持忠诚的决策将显著受到员工的态度和行为的影响。只有服务企业的员工提供优质的服务，实现品牌的服务承诺，创造良好的品牌形象，采取超出顾客期望的服务策略，才能促进企业的服务营销（Pandej et al.，2020）。

建设服务品牌必须确保员工行为反映出服务品牌的价值，这要求将以品牌形象相符的行为作为基础。只有在品牌识别上达成一致性（Moon-Kyung et al.，2016），当员工共享的品牌意义是一致的，品牌支付行为才可能是一致的。许多研究者认识到品牌内部建设的重要性，把它看作是一个员工按照品牌价值展开工作的过程。服务品牌化关注内外部一致性，强调管理全面的服务品牌体验，更关注社会化的过程（WooHyuk et al.，2017）。

由于服务无形性的特点和服务品牌管理的特殊性，企业内部利益相关者对品牌管理都会产生影响并负有责任。一般而言，学者们倾向于从行为影响、责任指向和关键性的挑战等方面探讨企业内部利益相关者对于品牌管理的影响（翁景德等，2021）。对于企业所有员工来说，品牌内部管理关键性是缩小品牌承诺和品牌实现之间的差距，要求员工具有品牌知识，实现品牌承诺的动机和能力，企业要关注员工的利益，为员工创造价值。服务的关系和互动特征对员工传递的期待是一个挑战，对于服务企业而言，服务营销策略的重点应体现在增加服务的有形性、品牌形象的强化、服务质量的改善以及沟通效果的提高上。WooHyuk 等（2017）认为，服务企业的员工通过他们服务行为的可靠性、反应性以及移情作用和外表等积极增强顾客对服务质量的感知。

尽管服务行为通常也包含有形要素，但大部分在性质上是无形的，而且是通过服务人员的行为来体现的。正是由于服务内在的抽象特性，员工的品牌表现为品牌认知和关系提供了有形的线索。评估一项服务难度越大，与其相关的风险越大，把品牌作为一个降低风险的工具就越重要。由于服务主要是由人来实现的，确保企业中两个不同的人提供相同水平的服务也就更加困难。员工代表着服务本身，不仅是他们每个人提供的服务不同，而且服务每天也会存在差异。对服务质量的认知也会因为消费者在个人需要、期望和其他自身的评估标准方面的不同而变化。服务企业不能完全使员工的行为标准化，因为实施标准化在获得高度的服务行为统一性的同时，也增加了由于灵活性缺乏而产生的风险。尤其是服务的不均匀性为品牌内化提供了机会（Kerstin et al.，2020），因为实现品牌内化可以通过对员工赋予更大的权力使其更好地满足顾客的需求。

在顾客与员工接触的过程中，生产与消费同时践行，要评价服务质量，就很难检查与监督员工的行为。由于服务的生产和消费的同时性，在生产服务时顾客会参与到服务过程中，这为在提供服务时影响顾客对品牌认知提供了机会（Kerstin et al.，2020）。员工通过与顾客的亲密接触可以感觉到顾客对服务的看法，员工可以通过改变服务方法，达到更好的服务顾客的目的。员工在为顾客服务时，要专注、聆听、适应顾客以及保持灵活性，员工的外表与着装是质量有形性的重要方面。即便是顾客没有参与到服务提供的过程中，如潜在顾客，员工的品牌表现与口碑也会影响他们的品牌感知。

2.2 服务企业品牌内化

2.2.1 员工品牌内化的内涵

Gabriela 和 Mellina（2019）将品牌内化定义为企业通过满足员工工作需求来吸引、培养、激励及保留员工的有效途径，通过品牌内化有助于员工更深刻地理解企业目标并实现企业战略。由于服务是由员工完成的，员工能否以品牌的核心和价值观作为自己行动的准则，并在服务过程中为顾客创造价值，这对于形成良好的顾客体验具有决定性的作用。Gabriela 和 Mellina（2019）认为，员工品牌内化可以理解为对服务人员解释品牌与促销品牌、传达品牌的理念。在让员工创造顾客期望的品牌体验之前，首先需要让员工了解他们应该提供什么样的顾客体验、为什么提供这样的体验以及如何在实际工作中具体实施，将品牌的理念和价值内部化，员工就能稳定有效地提供服务，而且如同对顾客的品牌建设一样，品牌的内部化是一个持续的过程。

品牌内化是使组织内部的利益相关者在将企业品牌展示给顾客之前，先将品牌视为己出。因此，品牌内化包括企业和员工两个层面（Martion，2020）。简言之，企业的品牌承诺应与企业及员工的发展需求一致，企业应致力于培养员工如何向顾客传递品牌，使顾客成为品牌的拥护者（Ezgi，2018）。正如品牌外部性针对的是消费者一样，品牌内化是企业对员工的承诺。有些学者认为品牌内化是将品牌的价值观向其员工传递的过程，而这种价值观正是与企业的长期战略目标相一致的。Monica 和

Paul（2019）提出品牌内化实际上是员工的品牌化。品牌内化可以使企业获得品牌认同、品牌承诺、品牌忠诚及品牌支持行为。图 2.1 是品牌内化模型。

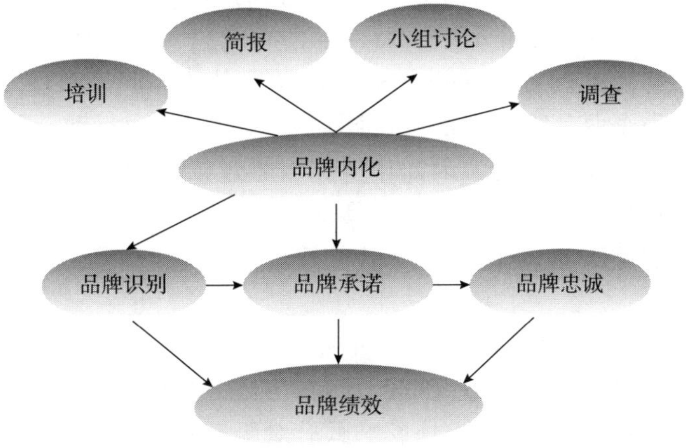

图 2.1 品牌内化模型

资料来源：作者依据 Monica 和 Paul（2019）的文章整理。

Monica 和 Paul（2019）认为员工在消化吸收企业品牌价值的同时，将其与自身的工作紧密联系起来，使品牌与行为达成一致。品牌内化包括员工解释和销售品牌、与员工分享品牌背后的设计和战略、对员工进行积极的品牌沟通、培训员工强化品牌的行为、对支持品牌的员工活动进行奖励。除非员工能真正理解和相信品牌，否则他们不会感到自己是品牌的一部分，也不会依据品牌标准行事。品牌内部建设是企业为了使员工在同外部顾客接触过程中成为有效传播本企业品牌的“使者”而进行的“品牌内在化”活动。员工理解品牌并对品牌做出承诺就是品牌内化的表现。关于员工品牌内化的研究，基本分成两类：一类视品牌内化为一种状态和程度，即员工将品牌价值贯穿于自身的程度和表现；另一类认为品牌内化是一个过程，即员工如何理解品牌价值，促进品牌和行为的统一。

不少学者从员工与品牌建设的角度提出了一些研究结论和观点。Ezgi（2018）按照员工对品牌的理解和情感的承诺程度，可以将员工分为四类：旁观者（Bystanders）：理解品牌但缺乏情感驱动的行为；拥护者（Champions）：理解品牌而且愿意运用到实际工作中去；低涉入者

(Weak Links)：不理解品牌也不关注品牌和组织目标；有心无力者（Loose Cannons)：对品牌和组织目标高承诺但执行能力差。这种分类从认知和理解两个维度考察了员工品牌表现，进而避免对员工品牌行为认识的片面性。张冉和顾丽娟（2018）区分了品牌行为的两种角色：内部角色及外部角色。内部角色是指品牌承诺，而外部角色是指员工将企业品牌交付的意愿，即品牌公民行为。Kalliopi 等（2018）认为品牌公民行为以自愿为基础，员工为企业品牌赢得外界认同而采取的一系列行动，而这些行为是在企业一般责任之外的，因此，他提出了包括清晰度、文化交流及补偿在内的品牌内化要素。

综上，作者认为员工至少在以下两个方面影响顾客的品牌认知和评价：

（1）影响顾客品牌认知。Papadopoulos（2020）指出，顾客常把提供服务的员工看作服务商品的一部分，顾客与员工接触的每个关键时刻，员工的态度和行为将直接或间接地影响顾客对服务质量的感知，进而影响顾客对企业或产品品牌的评价，因此员工是品牌的一个重要组成部分。大多数有关品牌的研究强调企业如何针对顾客制定并管理品牌的战略和策略，但是服务品牌的管理必须确保服务提供者与本品牌及其代表的内容保持一致。

在 Monica 和 Paul（2019）品牌内化模型中，将品牌资产的增值过程看成是一系列连续的活动和流程。他们提出一种建立品牌资产的方法——利用刺激品牌联想的杠杆作用，即利用品牌本身产生的联想使品牌与某些实体相关联。服务的无形性很难在产品的大小、形状、材料以及颜色方面产生联想，因此，品牌联想的建立将依赖于员工的仪表仪态、帮助意愿和服务热情。相对来说，服务品牌联想显得更加丰富、更加复杂，控制和管理人为因素对服务企业品牌管理具有很大的挑战性。员工是营销投入项目的一部分，相对于其他投入项目，员工是企业选择的，但不完全受控于企业。向员工传播和鼓励员工了解和关心这些新的联想物，减少内部品牌认知的差异对服务提供的影响，保证服务质量的一致性，将成为服务品牌建设和管理必须考虑的问题。

（2）体现品牌识别。品牌识别包括行为识别、视觉识别、形象识别和物质识别等。这些识别要素都会在员工的实际服务行为中得以体现，并对品牌传播起到至关重要的作用。如果服务过程在顾客心目中没有形成良好的品牌形象，计划性营销传播手段是于事无补的，因为它只是用来支持在组织文化和服务过程中无法体现的品牌识别（Papadopoulos，2020）。品牌识别要产生作用就必须能够与顾客产生共鸣，让他们对品牌产生认同和理解。

顾客视角的品牌识别是企业让公众辨认自己所使用方法的结果，比如，对广告来说，识别指的就是公众对该品牌或公司在广告中的承诺所产生的认同联想（Giannina & Keith，2018）。品牌识别通过形态（品牌外在构造）、特色（品牌的内在个性）及风格（成功的辨识）的一致性来形成。Shailendra 和 Traylor（2020）认为企业品牌识别应对内部员工产生识别作用，以指导他们的品牌行为。一些学者认为员工品牌内化直接影响员工的品牌行为表现，但是如何测量员工品牌内化的程度始终没有得到解决，主要原因在于员工的态度指向品牌与组织存在很大的相关性，严格区分两者始终比较困难。在消费者行为领域，依据 Sucheta 等（2016）的研究，以顾客为基础的品牌资产就是由顾客对品牌的认知和关系水平决定的，而顾客的品牌认知又取决于他们对企业品牌意识和品牌形象的理解。因此，品牌资产的核心部分是品牌意识和品牌形象两个方面，品牌意识又包括品牌认知和品牌态度两部分。品牌态度是顾客对一个品牌的全面评价，而品牌联想主要包括功能性联想、情感性联想以及象征性联想。作为内部顾客员工的品牌态度是否也包括上述三类品牌联想以及员工的品牌认知主要源自哪里，受哪些因素影响等，都是值得更加深入探讨的问题。

员工品牌内化主要体现为员工品牌态度，就是员工将品牌理念吸收、合并为自身的程度和表现，呈现为一种结果状态。品牌态度包括认知、情感和意向三个成分，这三个成分都可以通过语言和非语言的反应模式进行表达（Orzan & Platon，2016）。认知主要是指员工对品牌的信念、知识和期望，或者是其所感知到的品牌形象与特征之间的联系。情感主要指服务员工对品牌的感觉、心境、动机、情绪以及相关的心理变化以及员工与品牌之间的互动关系中产生的承诺、满意和信任等包含的情感因素，因此，员工与品牌的情感联结是员工品牌内化的核心。行为意向指员工个体以某种方式做出品牌行为的意愿，比如员工愿意为维护品牌形象，为顾客提供优质服务的倾向。认同和忠诚是员工品牌态度的主要架构，认知心理学将认同、内射和合并定义为内化的三种主要形式。“内射”和“合并”是忠诚的体现，符合心理学视角的内化内涵。员工品牌内化的过程是员工个体社会化的过程，是个体将自我定义为某一团体的成员，并且将团体中特有的特征归于自己的特征的过程。

2.2.2 员工品牌认同的相关研究

在消费行为领域，从品牌的人格属性视角，学者们认为品牌认同是一个人在日常生活中表现自我概念（self-concept）或是象征理想的表现物，强调对品牌一体感或认同感进行研究的必要性。Øyvind 等（2017）在品牌个性研究的基础上深入研究了品牌所具有的自我表现的功能，为品牌认同感构建了研究框架。有些学者将品牌认同感分为个人品牌认同感和社会品牌认同感。员工的个人品牌认同感是指员工的个人价值观与品牌价值观的契合程度。社会品牌认同感是指员工对品牌的社会表现所代表的品牌形象的认同。在组织行为领域，员工组织认同得到了广泛而深入的研究。王玮和徐梦熙（2020）在综合相关品牌内化研究后指出，员工品牌表现可以归纳为情感承诺、品牌知识和品牌行为三个维度。员工情感承诺主要包括员工关注和支持品牌建设、在工作中运用品牌知识的意愿、工作外推荐和介绍品牌等。员工品牌知识主要包括员工对品牌的知晓程度、专业技能的掌握程度以及对品牌提升的思考程度。员工品牌行为主要包括员工在工作中的努力程度和按规定办事的能力，顾客接触中的友好、帮助倾向和亲和力，以及反馈外部顾客信息的能力。Christian（2018）认为品牌内化就是员工对品牌的承诺、具备品牌知识且有能力和动机为品牌创造价值的过程，品牌认同则是员工品牌内化的组成部分。

Fride 和 Kumru 等（2020）认为，员工品牌内化主要体现在员工对品牌的内在认同，这种认同不仅体现在口头上，而且是信仰、情感层面的全方位认同，包括两个维度：一是员工对品牌的理解，即智力资产投入（Intellectual Buy-in）；二是愿意将智力资产运用到行为上的意愿，即情感投入资产（Emotional Buy-in）。Natalia 等（2016）通过质性研究假设员工品牌承诺由三个维度构成：服从、认同和内化。但这些假设并没有得到实证数据的支持。随后，为得到研究结果的统计显著性，他将认同因子和内化因子合并，并证实了这一单维度构念在测量上的内部一致性。Woo 等（2020）研究组织层面的品牌内化对员工品牌态度的影响，认为员工品牌态度包括员工品牌认同、品牌承诺和品牌忠诚三部分，它们之间的相互关系是员工品牌认同驱动品牌承诺，品牌承诺驱动品牌忠诚。Hanna 等（2018）从服务企业的内部营销视角提出了包括员工对企业品牌的认同感、内部满意度和外部顾客满意创造活动等概念的研究，通过以中国民航公司为对象的实证调查，分析了各变量之间的影响关系。研究结果表明，对本企业品牌有强烈认同感的员工，即使对企业或工作的满意度不太高，也会积极地参与工作并为顾客提供满意的服务。有学者认为，员工品牌认同感是员工依附组织意识形态的形式和结果，成功的品牌内化是与员工组织承诺和组织认同联系在一起的，如 Jeffrey 等（2018）以品牌识别特征为自变量，员工效能为因变量，品牌认同为中介变量探讨了各变量之间的关系，发现品牌识别特征对品牌认同及员工效能（包括组织承诺、组织公民行为、组织情绪、工作绩效、工作满意以及离职倾向）呈正向影响。这项研究的意义在于区分了品牌和组织的相关构念，以及它们对员工效能的影响差异。

2.2.3 员工品牌忠诚相关研究

在营销学领域，Copeland 于 1923 年首次提出了品牌忠诚的概念。当前，品牌忠诚已成为企业营销最重要的目标之一（Craig et al.，2014）。品牌管理的目的是为了树立并提升顾客的品牌忠诚度，应该将顾客忠诚扩展到企业的内部营销和外部营销中，即对内部顾客开展内部营销，对外部顾客开展外部营销，要想顾客忠诚，必须先让员工忠诚。对于忠诚，大多数学者认为它是行为和态度的复合体。Michael 等（2018）提出顾客忠诚体现在对自己所偏爱的产品或服务的承诺上，他指出品牌忠诚的具体衡量包括认知忠诚、情感忠诚、意向忠诚和行为忠诚四个维度。这与忠诚的两个维度之间没有本质上的区别，它们都强调了忠诚的态度维度和行为维度。这些研究在内部营销的研究中并没有考虑到员工的品牌忠诚，将员工忠诚的态度与行为并列容易造成概念上的混淆。Yuree 和 Kyoung（2019）对服装零售行业进行了实证研究，认为员工的忠诚会影响顾客的购买量和顾客对企业的口碑，同时也会影响顾客对品牌的忠诚。Drichoutis 等（2017）将员工忠诚基础和忠诚对象组成一个矩阵，忠诚对象包括组织本身、最高管理者、工作团队和直接主管等。

在组织行为领域，员工忠诚的定义在 30 年前的组织研究文献中就已经出现了。先前的研究从员工与企业的关系角度认为，忠诚代表员工对管理层持顺从态度，喜欢并投入自己的工作。忠诚的态度可以出于对目标和价值观的认同内化、对成本收益的理性计算、对社会规范的服从遵守等多种动机。Nardini 等（2021）基于承诺机制对服务业员工忠诚进行了实证研究，认为员工信任和满意度通过承诺从而正向影响员工忠诚，情感因素是员工忠诚的关键性因素，并对态度忠诚和行为忠诚进行了区分，认为态度忠诚是行为忠诚的前置变量。他们用四个问项测量员工的态度忠诚："在这家企业工作是我的最佳选择""即使别人把我推荐到其他企业工作，我也不会离开这家企业""只要我目前工作的这家企业能维持现有的总体待遇水平，我就不会到其他企业工作"和"即使别人把我推荐到其他企业工作，我也不会离开这家企业"。Drichoutis 等（2017）从承诺、心理契约以及投入或收益方面分析了员工组织忠诚，认为员工组织忠诚体现为对企业的支持、在为顾客提供服务时表现好、不轻易离开企业以及为某个企业工作了较长时间等。但是将品牌作为员工忠诚对象的研究目前依然很欠缺，因此有必要从员工——内部顾客的角度来界定忠诚的内涵，尤其是员工对品牌的忠诚。

2.3 顾客体验行为研究

在 Customer Experience Maturity Monitor（2009）的一项研究显示，如果一个企业不进行顾客体验管理，那么它将无法从事商业活动。顾客体验通常发生在顾客寻找、获得和使用企业产品的过程中（Houcine & Gàbor, 2018）。从服务的角度来看，顾客体验被定义为顾客与企业员工、服务技术、服务环境接触的结果。Houcine 和 Gàbor（2018）指出与服务品牌一样，服务体验是顾客对服务的感受和想法，包括企业所使用何种资源来传递服务过程，并将品牌定义为企业对客户收益的承诺识别。因此，品牌化的服务过程是企业员工、产品质量及外部环境综合作用所产生的最独特的顾客体验。

关于顾客体验的内涵，目前还没有形成一个统一的认识。学者们主要从以下视角进行了阐述：一是从经济学的视角，认为顾客体验是一种经济物品。体验经济的倡导者派恩等认为"体验事实上是当一个人达到情绪、体力、智力甚至是精神的某一特定水平时，他意识中所产生的美好感觉”。二是从心理学、市场营销学等角度，学者们认为顾客体验是顾客对体验产品主观内心的感受及其反应。Jill（2019）将体验定义为一种个体主观的内心活动；Xin 等（2020）认为体验是消费者基于已有知识或经验，对现场亲身经历所做出的感觉和评价，涉及情感认知、思考、行为等一系列心理反应。Kumar 和 Werner（2016）从企业与顾客的互动关系角度，更加微观地认为顾客体验是“企业与顾客交流感官刺激、信息和情感要素的集合”。综合上述观点，本书认为，顾客体验是一种新的商品形态，是基于个人的知识和经验，由产品、服务、环境和顾客参与综合形成的消费者主观上的感觉、知觉、认知、评价等一系列心理反应。

在顾客消费体验中，任何有形或无形的产品、服务或环境都只是用于满足顾客体验欲望的载体或工具，是将顾客体验由不满意转化为没有不满意的保健因素，顾客体验价值及由此导致的顾客满意才是将顾客体验由不满意升华为满意的激励因素（Orzan & Platon，2016）。随着顾客“机能价值”消费观的日趋弱化和“情绪价值”消费观的越发明显，体验需求正逐步超越物质需求而成为主导型需求。顾客在做出购买决策时，不仅依据产品或服务给其带来功能上的利益满足，更重视购买或消费产品或服务的过程中所能获得的、符合自己心理需要和情趣偏好的特定感受，即顾客体验（Øyvind et al.，2017）。因此，顾客体验除了具有功能性、价值性、交换性等特点外，还具有个性化、层次性、延续性、动态性、互动性和主观性等特点。

Kumar 和 Werner（2016）按顾客的参与程度（主动参与和被动参与）以及顾客与相关事件的关系（身心投入和身体融入），将顾客体验分为四种类型：被动参与、身心投入的娱乐体验；主动参与、身体融入的教育体验；主动参与、身体融入的遁世体验；被动参与、身心投入的美学体验（其中娱乐体验重在“悟”，教育体验重在“学”，遁世体验重在“做”，美学体验重在“赏”）。而将不同的体验方式称为战略体验模块，那么顾客体验可划分为感官体验、情感体验、思考体验、行动体验和关联体验五种战略体验模块。其中，前三种属于个体体验，后一种属于群体体验，而行动体验则属于个体体验与群体体验的混合体。企业员工利用资源和技术为顾客提供产品和服务，顾客不同程度地参与到服务的生产和消费过程中，企业和员工通过一系列的互动活动实现服务和产品的价值，而顾客由此形成了对服务的感知。顾客会根据服务感受对自己先前期望和感知到的质量之间的差距进行比较，从而形成感知价值。随着企业—顾客交互界面的增长，服务接触对顾客未来的购买行为和口头传播有巨大的影响，这些接触因而应通过长期关系、方法等仔细管理，以保证交易的持续性。Pine（2000）设计了一种有效的方法来分析服务体验的过程，这种方法基于顾客参与服务的程度和环境的影响度，将顾客体验划分成不同的区域，代表了不同的体验感受，如图 2. 2 所示。

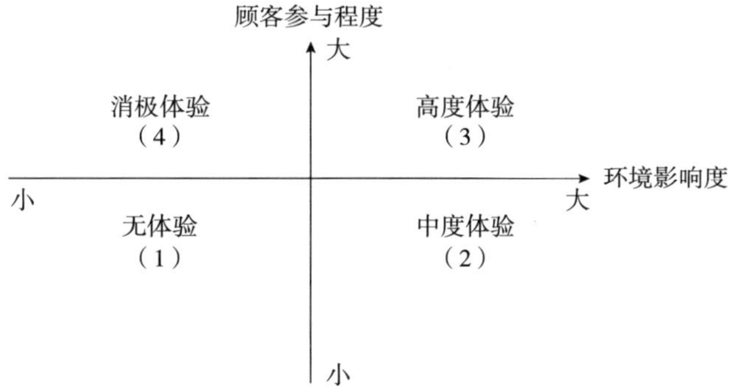

图 2. 2　顾客体验模型

资料来源：作者整理。

区域（1）：无体验。在这个区域中顾客被动参与，环境影响度低。顾客本来是依靠环境的吸引来引导自己参与，但是环境因素并没有把顾客吸引到体验情境，因而无法获得体验。

区域（2）：中度体验。在这个区域中顾客被动参与，但环境的吸引力很大。环境因素刺激并促使顾客参与到体验情境中，但因为顾客是被动参与到体验中，只能单向地接受情境因素对顾客的作用，却不能对情境施加影响，从而影响了体验的感知度，使顾客不能获得最高程度的体验。

区域（3）：高度体验。这是一种最高程度的体验，顾客主动参与体验过程，同时环境因素对顾客具有很强的吸引力。顾客完全投入体验情境中，与环境因素形成了强烈的互动，从而产生一种惊喜的心理感受，获得美好的体验。

区域（4）：消极体验。在这个区域中顾客参与程度高，但环境因素的影响度低。顾客全身心地投入体验情境中，但是环境因素并没有引导和影响顾客的体验，甚至给顾客带来消极影响，使顾客体验值远远小于顾客期望值，从而产生消极的体验。

如何设计出以顾客体验为中心的服务体系则取决于服务提供者怎样把一些环节和步骤有效组合以形成服务绩效。Pine（2000）认为管理的挑战在于企业如何找到“甜蜜地带”，为顾客创造值得回味的体验。Pramod 和 Jogendra（2019）对体验设计及其对顾客忠诚的影响进行了研究，得出体验设计是一种技术活动，这种活动的目的在于通过制定一系列的策略激起顾客对服务的感知，并产生积极的情感。越来越多的实践经验也证明服务体验和绩效之间是存在很大关系的，对顾客体验的管理关键在于对过程的管理，即将不同环节的服务有机结合在一起，为顾客提供一个美好的体验过程，如图 2.3 所示。

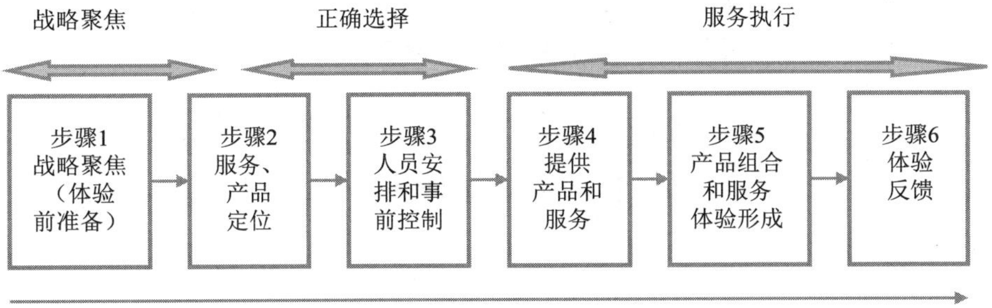

图 2.3 顾客体验管理模型

资料来源：作者整理。

Anil 等（2016）通过实证研究提出了如何帮助组织系统地设计和改善他们的客户体验的操作思路和策略。Eunju 等（2016）针对网上购物探讨了企业应如何管理“顾客体验”。Subhadip（2018）研究了顾客体验在饭店服务创新中的角色。Adrian（2010）对“顾客体验管理”概念进行了新的阐释，提出了一个整合顾客体验管理与人际关系、服务质量和品牌的模型，其指出顾客体验不仅要求产品有较高的质量，更强调以顾客为中心的品牌愿景与企业商业模式之间的一致性，并进一步指出这种体验的形成是基于消费者的感官与知觉。Won 和 Soo（2019）在其品牌体验的研究中依然致力于消费者心理因素的研究并指出通过对消费者心理因素分析为其创造品牌的认同和价值，他们认为消费者的感官对品牌体验的创造具有重要的影响。在这种情境下，品牌体验被定义为由品牌的属性、形象及功用唤起的消费者主观的、内部的行动和反映；积极的品牌体验有助于提升消费者的满意度及忠诚度，使品牌成为消费者的优先选择（Houcine & Gàbor, 2018）。

学者们进一步探讨了如何创造积极品牌体验的不同途径。Sena 等（2018）提出品牌战略与服务战略、企业员工与消费者联结的途径是文化的相通性。企业可以主要采用联合创造行为研究、品牌故事及顾客购买行为三种方式来创造积极的品牌体验。同时，他分析了服务信条、服务交付技巧、员工培训、品牌强化等在顾客获得品牌体验中的作用。Won & Soo（2019）探讨了如何通过员工的品牌承诺来提高消费者的品牌体验，并提出系统完善、品牌内化、持续改进及保持进取是增强员工企业承诺的五大重要因素。一项由 Customer Experience Maturity Monitor（2009）的调查显示：一线员工应致力于提高及建立与顾客之间更强大的联系，同时，企业应依据顾客需求而非顾客的名单来识别消费者。

2.4 员工品牌内化与顾客体验

2.4.1 品牌建设行为

Morhart（2009）提出员工品牌内化是员工使企业的顾客向品牌化的努力和贡献程度。品牌建设行为主要体现在以下四个方面：员工的品牌建设参与行为、积极的口碑、角色内品牌建设行为、员工留职意愿。员工是公司及其品牌信息的重要来源，他们与公司及其品牌的特殊关系决定了他们所传达的信息往往比较真实可靠。Nardini 等（2021）提出兼职营销人员的概念，认为当组织成员与顾客互动时，无论其是否为营销人员，都间接扮演着营销人员的角色。Ezgi（2018）基于员工视角的服务型企业品牌内化特征的研究发现，员工品牌内化有助于提升员工品牌绩效，该研究运用定量分析对来自瑞士的物价大型酒店的 699 名与顾客接触的员工进行了问卷调查。Ezgi（2018）将内部品牌化作为一个多维构念，发现内部品牌化对员工传递企业的品牌态度和行为方面都具有正向影响。经过内部沟通和品牌培训，服务企业对员工形成品牌承诺，而以品牌承诺为载体的价值主张，再通过员工行为完成企业品牌内化的基本过程，并输出为顾客品牌体验的外化阶段，基于此，服务情境中的一线员工处于跨组织边界的位置，他们在执行组织内部角色要求的同时，还要满足来自外部顾客的品牌期待。因此，员工的行为是较高顾客体验的关键。

2.4.2 服务绩效

品牌视角下的服务绩效主要体现为员工按照品牌承诺提供的服务质量。员工是服务的提供者，他们的行为不但可以让顾客感知品牌的服务质量，还可以增进甚至创造服务品牌形象，以产生更高程度的顾客体验和保留意愿。

服务质量更多的是功能性的考虑，鼓舞员工的顾客导向行为则更多关注内外部一致性，强调管理全面服务的品牌体验（Nardini et al.，2021）。Morhart（2009）认为，角色内的品牌建设行为是指员工作为品牌的代表者其行为规范符合组织角色规定标准的程度，主要是指员工在接触顾客时的行为表现。员工如果能理解如何实现他们的品牌价值，就可以克服这个问题。服务品牌化更多关注内部一致性，强调管理全面的服务品牌体验，更关心社会化的过程。品牌确保顾客所选择的产品或服务具有可靠性，顾客会在每个触点上测试品牌做出承诺的真实性。因此，确保服务质量的稳定性是服务品牌的关键，也是顾客体验的主要内容（Ezgi，2018）。

2.5 顾客体验与品牌忠诚

2.5.1 品牌忠诚的概念界定

对顾客忠诚的研究可以追溯到 Morris 和 Copeland（1923）、Barteles 和 Churchil1（1942）的研究，而目前多数研究主要集中在消费行为层面，即从购买金额和购买频率方面对顾客忠诚进行界定和衡量。本书通过对现有研究成果的综合梳理发现，各学者对顾客忠诚的界定主要有三种观点，即行为忠诚论、态度忠诚论及综合忠诚论。

行为忠诚论的主要代表 Tucker（1996）将顾客忠诚定义为“连续三次购买”，这一观点对后人影响极大；他认为忠诚是不受外部环境变化和营销活动影响的，在未来持续购买所偏爱的同一品牌或同一品牌系列的产品或服务的行为。

态度忠诚论者认为，重复购买行为并不一定涉及心理承诺；相反，其发生原因可能是对时间、能源成本、风险、选择概率或消费偏好的个体感知，或者是对临时销售奖励以及法律和企业政策限制等的感知。Nardini 等（2021）进一步提出单纯的行为取向难以揭示忠诚的产生、发展和变化，高度重复的购买行为可能并非基于某种偏好意向，而是由于形成转换障碍的各种约束存在，低度重复的购买也可能是由于情境因素或随机因素的作用。因此，态度忠诚论者认为，单纯的重复购买行为并不能解释真正的顾客忠诚。从现有研究成果看，国外对忠诚的界定持“态度忠诚论”者远超过持“行为忠诚论”者。

综合忠诚论者认为，只有当重复购买行为伴随着较高的偏好时才产生真正的顾客忠诚，倾向特定的供应商重复购买行为的程度和对其所抱有的积极的态度取向是判断顾客忠诚的关键。

2.5.2 顾客体验与品牌忠诚的关系研究

顾客体验是品牌忠诚形成的关键要素。通过体验，顾客会直接接触产品并形成对产品的主观感知。一方面，可以检验企业品牌传播中的品牌联想，加强顾客合理的品牌联想，并修正一些不合理的品牌联想；另一方面，通过自己的体验，顾客可能会对品牌产生新的联想，如使用场景、产品特点等，这种直接的体验，会使顾客对品牌联想产生更加具体和丰富的内容。学者们从不同的角度对顾客体验进行了定义，俞博文（2020）认为顾客体验是“为满足消费者内在体验需要而发生在消费者和公司之间的一种互动行为过程”。魏想明等（2020）提出顾客体验是感知和情感的反应，在企业提供的消费情境下，这种反应发生在顾客和企业的产品、服务等发生互动关系的过程中。李荣庆（2015）认为体验是一种精神需求，以个体化的方式获得，在满足过程中被不断深化，强调个人价值的现实感知。

有关品牌忠诚的研究，早期主要有两个观点即行为忠诚观点和态度忠诚观点。行为忠诚观点认为，品牌忠诚是消费者系统性、重复性地购买相同品牌产品的行为。这种系统性体现在消费者不会因时间和情境的不同而改变购买对象，体现出比较稳定的结果；品牌忠诚行为在内在本质上是无法明确表达的，因为能解释这种行为的变量太多，而每次引起购买行为的变量组合又不一致。这就意味着企业无法明确品牌忠诚产生的本质原因，因而也就不能采取适当的营销策略，培养和维持消费者对企业的品牌忠诚。态度忠诚观点将品牌忠诚看作消费者对特定品牌的偏好和心理承诺，是一种态度。事实上，品牌忠诚是一个综合性的多维度概念，包括认知态度和行为，并由此产生了品牌忠诚复合论观点，当前学术界和企业界也普遍接受、认可这种观点。有学者认为品牌忠诚是品牌资产的核心，也是最重要的决定因素，消费者对先前的使用和购买经验非常满意，从而产生对品牌的偏好，即使竞争者的产品更好，消费者也会继续使用原品牌的产品。也有学者对顾客的品牌忠诚提出一个整合架构模型，认为顾客的品牌忠诚是个人与企业之间相对积极态度和重复购买行为的关系强度（Chen，2016），是一种反复购买所偏好的产品或服务的强烈承诺感（commitment），即使发生有可能引起购买行为产生变化的环境或营销活动，消费者还是会一如既往地购买该品牌的产品，这个定义同时强调了行为忠诚和态度忠诚。对于品牌忠诚的定义，多数学者都认同包含其两个维度：行为忠诚与态度忠诚。行为忠诚为品牌忠诚的外在表现，行为忠诚表现为重复购买、较低的品牌转换以及向周围的人传播该品牌；而态度忠诚则是品牌忠诚的内在表现，表现为消费者经过特定的心理活动而倾向于购买特定品牌。

2.6 本章小结

员工是服务型企业的重要资源，他们的服务行为和品牌意识是品牌生存的关键，由于服务过程和消费者消费过程是同时发生的，企业无法实时监控员工与顾客之间的交流，不能控制员工角色外的服务行为，特别是使顾客能否获得持续满意的消费体验并最终形成品牌忠诚的行为。具有较高程度品牌内化的员工，能够自觉地展现品牌需要的形象，更可能采用自然表演与深层表演相结合的方式，减少表面表演导致的情感不一致对顾客造成的负面影响，有助于促进顾客的品牌体验进而最终形成品牌承诺。

品牌内化理论得到越来越多学者的关注，但对品牌内化尚无统一的认识，理论体系并不完善，理论边界尤为模糊。这不仅为品牌内化的研究留下了较大的空间，同时也迫切需要在这一研究领域构建比较完整的理论体系。此外，以往品牌内化的研究理论过于单薄，对于品牌内化的探讨只停留在品牌的内部营销职能上，这显然不能涵盖品牌内化广泛的内涵。品牌内化的文献主要研究企业如何通过品牌内化使员工向消费者提供积极的品牌体验。与服务经济蓬勃发展形成鲜明对比的是，服务品牌占整个强势品牌的比例依然很低，服务品牌管理的研究还不够深入，在为数不多的影响服务品牌内部管理的研究中，Tao 等（2019）提出了服务品牌资产模型，模型包括了品牌内部化。WooHyuk 等（2017）指出品牌个性、品牌定位和品牌声誉对员工品牌关系的影响，但这些研究都是以理论探讨为主，缺乏实证检验。通过以上对品牌及服务品牌的理论和相关研究回顾以及服务品牌管理中员工角色的探讨，确定本书的主体为服务企业品牌，致力于探讨品牌内化及顾客体验。

现有文献对如何通过员工品牌内化使顾客产生有效的品牌体验研究十分匮乏，而且在实践中企业也有疑问：提升顾客品牌体验有哪些途径？从品牌体验到品牌忠诚的形成过程依赖哪些因素？无论是与服务品牌领域有关的研究，还是与员工行为管理领域相关的研究，都较少见于探索并证实上述变量之间复杂关系的研究。鉴于此，本书将探索员工品牌内化的过程及对顾客品牌忠诚的影响，以揭示各变量之间的复杂关系和作用机制。

3 概念模式构建

本章依据理论推演，探求品牌内化与品牌体验的关系，构建概念模式，并提出相关命题。

3.1 顾客价值—忠诚形成过程

3.1.1 品牌体验的本质及内涵界定

构建服务的品牌形象需要了解服务客户的意识，或给服务赋予相关的含义。有学者已经研究了几个服务概念化的方法，包括将服务视为一种无形产品。Matthew 和 Zheng（2016）研究表明，服务是一个过程，是公司与客户之间的纽带。这些概念化对于企业进行管理决策非常有用，特别是那些有关服务的生产和传递，但它们在通过广告展示服务品牌形象时两个主要限制：首先，这些有关服务管理的思想来源于管理对于服务原则的影响（Appalayya et al.，2018），它们主要是面向生产的，而不是服务性消费。消费者的每一次购买对生产企业来说都具有一定的意义，但往往在供应商看来没有什么特殊意义。目前概念化的服务反映了现在的企业想建立日常的、可预见的管理目标来提供服务，从而强调在生产服务时涉及控制的要素，而这些生产流程的要素只是客户消费体验的一部分，不是服务的焦点。其次，目前的比喻强调服务的功能属性和消费相关的后果，而在很大程度上忽略了产品在服务品牌形象中的重要象征意义。正如 Katherine（2016）指出的，服务的关键性问题不是供应商能够提供什么样的功能服务，而是对于消费者来说，他们体验到了一种什么样的产品性能。同样，Katherine 和 Peter（2016）指出，要从消费者的角度理解现象的意义，就必须和公司相关的现象进行联系。服务品牌形象包含了消费者对服务的态度，因此，要理解服务品牌形象（或者消费者附加到服务上的意义）需要以服务客户为导向，将重点放在消费服务的过程中，而不是服务的生产提供。有些学者通常研究消费者对于服务提供商的反应，而不是消费者在消费体验过程中所蕴含的意义。众所周知，同一现象的不同观点往往产生不同的解释。因此，我们需要从消费者的角度研究他们的服务体验，而不是从公司经理的角度去研究服务。

Zeithaml（1981）较早就指出应当以客户为导向将服务概念化。他认为，服务往往比经验和信任等品质还要高一个层次，因此，很多服务需要消费者积极参与。Edward（1986）指出体验是积极地参与活动同时又赋予该活动一定意义的行为。目前大多数学者研究客户对服务运作的影响，认为客户会对服务产生积极影响。Arnould 和 Price（1993）描述了在漂流游戏中的延伸服务以及与消费有关的非凡经历的意义。他们将服务的经验作为“生动的意义”赋予消费者，建议消费者与自然或与他人接触，进而在这个过程中实现自我拓展。同样，Chen（2016）认为顾客是能够将体验的质量和功能的质量区分开来的，Xin 等（2020）认为消费就是通过体验来定义的，因此，本书认为服务消费是一种体验。总之，现有研究表明许多服务经验的关键是能否从客户的角度来看问题。因此，我们可以利用不同服务体验作为服务品牌形象面向消费者的概念性经验。

很多研究人员认为服务的术语是“体验”，但是他们不进行任何描述，显然是将“体验”作为普通上的意义来理解的。为了避免混淆，我们将服务的体验定义为认知的、情感的和行为反应的特定的服务事件。因此，消费者的服务经验包括在消费过程中发生的人的行为、思想、感情等有关的积极构建过程。Shidur（2016）认为，经验包括对日常事项的诠释。因此，我们定义品牌体验是一个由客户和服务消费的其他相关人组成的过程，即从服务的消费确认开始，到这个消费过程结束为止。经验是一种感性的现象，客户往往会决定这个过程的边界。

3.1.2 顾客价值—忠诚形成过程

顾客价值的性质及其如何决定顾客忠诚，以及又如何反过来影响财务绩效是学者大量讨论的主题（Saeed et al.，2015）。随着每一个新领域的发展，对这一概念的定义方式也存在着争论。有些学者只关注顾客价值的利益（Kumar & Werner，2016）；有些人从成本—利益的视角，即基于“有舍才有得”的观点来评价价值。有学者认为利益指的是顾客得到的东西，而成本则指的是顾客失去的东西（Zeithaml et al.，1988）。在定价理论中，Monroe（1990）将其称为对“物有所值”的权衡。本书采用“物价所值”方法，如Gotlieb和Bolton（2000）所说的，这是检验顾客价值和忠诚之间关系最有效的方式。

Rust和Zeithaml（2004）通过强调组织要以顾客为中心的重要性，制定了本公司“以客户为中心”的品牌管理办法，他们强调“品牌之所以存在，就是为了服务它们的客户”，并且警告说如果一个组织的重点更多地放在了品牌自身上，它将会损失更重要的任务——建立和管理其客户群。在过去的五年，一些有关于品牌服务关系的研究发现，了解服务品牌在共同价值创造中的作用，是三角形价值观念（或三个承诺）框架，由Raval和Grönroos（1996）进一步完善。该框架区分三个营销过程：①做出承诺（组织与客户间的外部市场）；②扶持和促进承诺（组织之间的内部营销）；③信守承诺（组织内的工作/网络和终端客户之间的互动营销）。

Morhart等（2009）将这三个过程嵌入到他对于市场营销的定义中：营销是一个以客户为中心贯穿组织职能和流程，并着眼于通过价值主张做出承诺，并通过支持实现客户期望进而价值创造的过程。余文伟等（2020）研究了广义概念“服务品牌”和关系营销作为风险控制者之间的相似性，即简化选择和质量保证。他们的研究是基于与20个高级执行官的深度访谈，这些人都是英国服务营销领域的专家。他们的调查显示，服务品牌充当了“关系建设者”或“关系的支点”。Moon等（2016）得到了与余文伟等（2020）类似的结论，即认为零售品牌作为“关系杠杆”或“支点”使信任在消费者与服务供应商之间建立起来，并通过区分“体验形象”“服务体验承诺”和“信任关系”等概念，提供了一个关于服务品牌是如何用于扶持和支持服务承诺的解释。

学者很少从组织的视角研究顾客的价值创造和传递，但 Kumar 和 Werner（2016）提出了价值创造与传递的框架概念。他将顾客价值的创造描述为制作、保持、承诺以及使承诺的三个框架获得一致性的过程。后来，重要的第四维也出现了，即价值创造如何通过这三个过程实现。Kumar 和 Werner（2016）研究表明，投资的产出是客户价值的形式和公司的财务价值形态存在的。因此，本书认为，顾客价值的实现是与服务品牌紧紧联系在一起的，如图 3.1 所示。

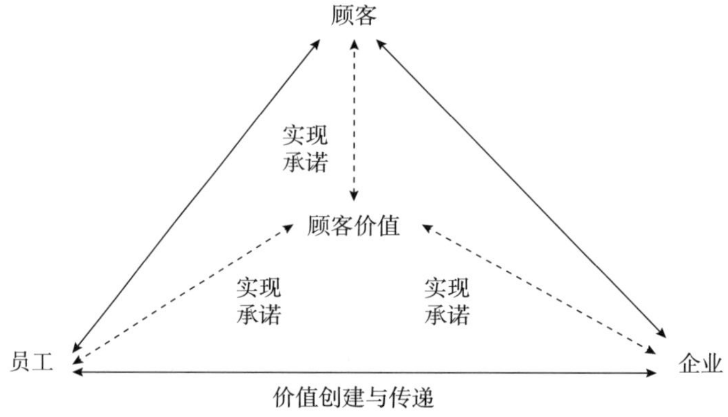

图 3.1　顾客价值创建与传递的概念模型

资料来源：作者整理。

Varki（2001）整合了 Heilbrunn（1995）三元品牌的概念以及这三个承诺框架。因此，等同于 Kumar 和 Werner（2016）的对于实现客户价值的实证研究，“服务品牌”被界定为用来形成、启用和信守承诺，如图 3.2 所示。

Gray（2006）通过调查品牌是如何在营销关系中创造价值的，集中了解了品牌在市场营销体系中所扮演的价值。Varki 等（2001）研究发现，制造商的品牌为经销商提供了三个价值的来源：非财务利益（如广告支持和产品类别的增长）、客户品牌资产及经销商的客户。上述两项研究均表明在营销渠道中，品牌作为一种“关系协调员”，为经销商创造了价值和经验，提高了经销商对于服务品牌的满意度及性能感知度，使经销商愿意信任制造商。Meyer 和 Allen（1991）首先发展了价值三角形或三个承诺框架

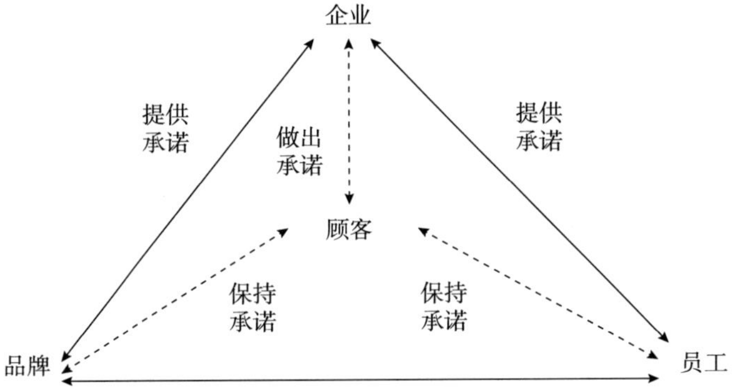

图 3.2 品牌—关系金字塔

资料来源：Varki 等（2001）。

的作用，而后价值三角形又被 Raval 和 Grönroos（1996）用在了定义品牌的作用上。研究表明，品牌在促进服务关系、调解及实现价值的相关进程中起到核心的作用。本书把以往的研究概念化，提出一个综合的关系链：服务品牌—关系—价值（SBRV）。SBRV 三角形突出了服务品牌的核心作用，它被用于为企业的客户和其他利益相关者创造共同价值，如图 3.3 所示。

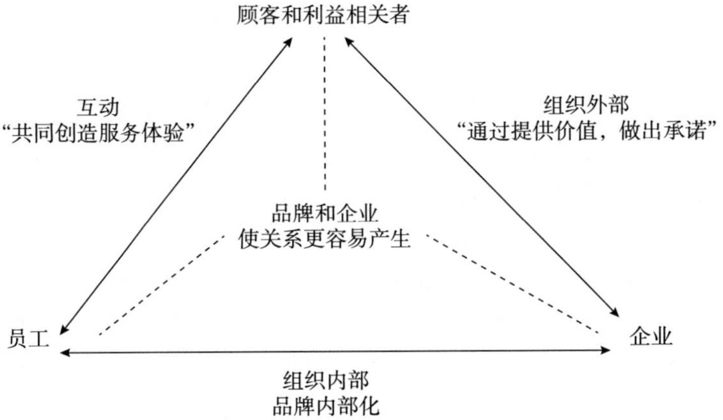

图 3.3 服务品牌—关系—价值三角形

资料来源：作者整理。

品牌服务能促进以往需要经验来实现共同价值的营销过程。它们以符号系统来象征营销网络的意义，并因此形成了很有竞争优势的基础资源。Rust 等（2000）用价值资产、品牌资产及保留资产构成了在消费者资产中十分重要的价值三角形；同时，Ambler 等（2002）曾指出品牌资产与消费者资产所产生的价值是相差很大的。因此，我们应在日后的研究中多关注以品牌为中心及以顾客为中心的研究，如 Nigel 等（1995）更多地关注品牌与顾客在逻辑上的整合的观点。基于此，本书认为应多注意消费者资产、品牌资产及营销网络资产是如何创造共同价值的，继而提出命题 1：

命题 1：员工特别是一线员工是品牌的重要组成部分，员工如果乐于参与工作，积极服务并响应顾客，就会形成良好的顾客体验。

3.2　员工品牌内化的构成维度

Moen 等（2013）指出，影响员工品牌内化的组织内部因素主要体现在品牌定位和工作特征上。品牌定位主要是通过品牌内部沟通等宣传品牌文化和理念、品牌愿景和战略。工作特征包括工作报酬、工作支持和工作氛围。影响员工品牌内化的组织外部因素主要是品牌形象，品牌形象主要包括品牌影响力、竞争力和顾客口碑。Isabel 等（2016）为有效推进企业内部的品牌建设，提出了三点建议：一是向员工准确传播品牌信息；二是使员工确信企业的品牌价值与他们的态度和行为密切相关；三是企业所有部门的所有业务都应同传播品牌信息和树立品牌形象有机地联系在一起。这样，员工就会明确地理解企业品牌建设的方向和如何有效地向顾客传播本企业的品牌信息。Pantea 等（2017）提出影响服务品牌内化的三个要素：明确的定位、价值的一致性和领导行为。服务企业需要密切沟通，使员工和顾客理解和认同品牌定位，这需要品牌有明确的定位，成功的服务品牌更重视保持品牌价值和员工行为的一致性；经理的行为中应反映出企业的核心价值，并且影响员工的行为。张冉和顾丽娟（2018）认为员工品牌内化的驱动要素可以归纳为三类：一是强调员工品牌培训；二是强调员工品牌激励与授权；三是强调员工品牌沟通。本书认为影响品牌内化的因素从大的方面来看，可以分为两大类：一是组织内部因素，主要包括组织内部对员工的品牌培训、品牌沟通以及组织工作环境、工作氛围、工作激励等因素；二是组织外部因素，主要包括品牌形象、品牌声誉等主要针对外部顾客的品牌要素。

（1）内部因素。内部营销理论的基本观点是把员工当作内部顾客（Yang et al.，2012；Jen，2014）。通过提高内部顾客的满意度来保证提供给外部顾客优质的服务，从而达到外部顾客的满意。有学者认为服务品牌就是一种承诺（Tao et al.，2019；Petros et al.，2015），内部营销的思路是把员工当作顾客，将品牌的承诺营销给员工，再由员工兑现承诺，继而将品牌价值传递给顾客，这个过程就是品牌内化的重要部分。品牌内化就是企业要建立这种承诺，把承诺传播给员工，让员工把服务承诺作为自己的工作准则，最后通过员工行为和企业行为表现出来的过程。品牌内化需要把员工的品牌行为从外在的驱使行为转变为内在的自觉行为，这就需要对员工进行教育、激励和保留。此外，把员工作为内部顾客更有利于企业发现员工的行为特征及精神需求，制定有针对性的措施让员工主动融入品牌建设的工作中来。因此，结合了人力资源管理理论和技术的内部营销理论可以用来研究如何促进员工的品牌内化意识和行为：首先，把员工当作顾客有利于企业通过多种渠道、通过多种内部营销手段向员工传播品牌知识和企业品牌的理念，提升员工的品牌认同感。其次，内部营销致力于培养员工的顾客导向及服务意识，而顾客导向可以帮助员工更好地理解顾客的需求，特别是有助于提高员工发现顾客情感需求的能力，从而在服务过程中更有效地传递品牌价值。

以内部营销观点组织的人力资源管理，企业可以从培养和开发员工方面，提供更恰当的培训、激励等。如 Shuai 等（2017）认为，“内部营销”意味着服务业必须有效地训练与激励接触顾客的员工，与所有支持服务的员工组合成一个提供顾客满意的工作团队；Lisa（2013）等认为，内部营销事实上是一种着重于员工发展的多重计划。一个完整的内部营销方案应包括员工招募、训练、激励、沟通以及留任等活动。这些人力资源管理的相关活动可以结合企业的品牌建设，提升员工的品牌建设意识，最终体现在员工的品牌价值传递行为上。Alexander 等（2016）认为，一些服务企业已经意识到鼓励员工扮演企业品牌的重要性，并且通过实施内部营销活动来达到这样的目的，如在保健业和铁路运输业。内部营销能通过强调服务组织中“人”的构成因素来建设强势的品牌。综上所述，品牌内化就是要在服务企业内部建立一种良性机制，以保证实现品牌对顾客的承诺。因此，本书将从品牌培训、品牌贡献激励、品牌沟通三个维度探求品牌内化组织内部驱动因素。

培训是企业有计划地实施有助于提高员工学习与工作相关能力的活动。Alexander 等（2016）对英国零售银行业的研究表明，培训和开发活动能够塑造员工的行为，人力资源管理的研究中也有相关的研究结论，如 Michelle 等（2018）认为培训的利益包括：减少工作失误、降低监管的必要性、提高员工进步的能力、增加员工做更多工作的技能及态度的改变等。其中，有些利益对于品牌建设十分有利，如对于服务企业来讲，减少工作失误意味着减少服务失败和顾客投诉，对增加顾客满意度和提升顾客的品牌印象很有效；员工态度的改变同样可以改善员工对品牌建设的态度，提升品牌意识和建设品牌的积极性。品牌培训对品牌内化的贡献是通过教育和知识的传递，对员工的品牌建设行为起到“推进”的作用；品牌培训让员工接受品牌知识，了解企业品牌所包含的内容和理念，是对员工进行“灌输”式的教育；在员工意识和态度上树立品牌建设的重要性，是推动员工参与到品牌内化过程中。因此提出命题 2a：

命题 2a：培训对员工品牌内化有正向影响。

激励是指一个有机体在追求某种既定目标时的意愿程度。Michelle 等（2018）提出激励就是通过高水平的努力实现组织目标的意愿，而这种努力以能够满足个体的某些需要为条件。由于企业品牌建设难以对企业和个人产生直接的效益和绩效，而且难以量化考核，属于赫茨柏格的双因素论里的激励因素，所以很难如其他可量化的工作业绩一样去激励。品牌激励更多需要行为激励的手段，通过改变内部思想认识结合改变外部环境刺激来实现，如物质激励、荣誉激励、工作激励、参与激励、授权激励、发展性激励、绩效考核激励等。品牌贡献激励通过奖励等手段起到对员工的“引导”作用，企业对有品牌贡献的员工或部门给予表彰和奖励来引导员工参与品牌内化。此外，人的意识和行为往往受到其他人的影响，如果企业以物质和精神激励员工对品牌的贡献，一定能有效激励其他人做出类似的贡献。据此提出命题 2b：

命题 2b：贡献激励对品牌内化有正向影响。

品牌沟通是通过建立合理、畅通的沟通渠道以及支持正常的非正式沟通渠道，为员工接受、传递、交流品牌信息提供平台，从而鼓励员工参与到品牌的建设中，为员工的参与提供便利和渠道。成功的服务品牌依赖良好的内部沟通程序 Ezgi（2018），这些程序能在任何顾客的接触点上达成更一致的品牌价值传递。Gayatri 和 Githa（2018）也提出，通过内部沟通来产生员工的品牌意识（Brand Awareness）和对品牌的理解。在品牌的内部营销中，沟通的主要内容包括品牌理念内涵和品牌承诺。员工在这两个方面的信息传递和交换，可以使他们加深对品牌重要性的理解，更好地认识企业的品牌，从而积极地投入企业品牌的建设过程中。员工之间、部门之间或上下级之间的品牌沟通增加了相互的信息和感受交流，不同人对品牌的认识不同，也就能够促进相互经验的吸收，有利于员工更深刻地认识品牌，增强员工的参与意识。因此本书提出命题 2c：

命题 2c：沟通对品牌内化有正向影响。

（2）外部因素。学者对品牌声誉的界定最初为"消费者对某特定产品质量的感知"（Aaker & Keller，1990），而消费者对产品质量的感知来源于直接或间接的消费经历，这种消费经历帮助消费者不断积累对某品牌的正面态度。但是，产品的功能特征、技术参数等内在属性往往难以被直接感知。在这种情况下，品牌声誉可以帮助消费者进行购买决策，使其不断进行重复购买。因此，良好的品牌声誉是品牌忠诚形成的重要因素，它不仅可以增强消费者对品牌资产的感知，还可以强化消费者对习惯性购买行为，并最终形成品牌忠诚。基于此，本书提出命题 3a：

命题 3a：品牌声誉对品牌忠诚有正向影响。

学者从消费者认知的角度，将品牌形象解释为消费者记忆中所持有的品牌联想，或者经由消费者对品牌理性或非理性的诠释建立起来的主观印象，即认为品牌形象是品牌长期与消费者接触而使其产生的对品牌的总体感知和看法（方芳、许正松，2020）。Deepak 和 Neena（2016）认为消费者所接收到的品牌形象是由厂商所创造出的品牌识别，经由媒体的传送而到达消费者的脑海中，从而形成消费者心中的品牌形象。Riadh 等（2017）运用实验的方法证实了在广告传播中，品牌形象对顾客品牌态度形成的影响作用。更为细致的研究还涉及品牌代言者（名人）的形象（César，2016）以及品牌原产国的形象（John et al.，2017）等。基于此，本书提出命题 3b：

命题 3b：品牌形象对品牌忠诚有正向影响。

3.3 品牌体验与品牌忠诚

3.3.1 体验与体验价值

Pinel（2000）认为体验是人们用一种个人化的方式来度过一段时间，并从中获得过程中呈现出的一系列可记忆事件（体验营销是指企业以消费者为中心，通过对事件、情景的安排以及特定体验过程的设计，让消费者在体验中产生美妙而深刻的印象，并获得最大程度上的精神满足的过程），这一观点突破了传统营销观念强调为赢得顾客的青睐而着重突出商品特性及利益的看法，强调顾客在消费时不仅注重产品的功能及效益，同样也期待获得独特的消费体验（体验价值是顾客从企业的体验营销活动中所获得的一种价值）。Xin 等（2020）从消费者重视感觉、情绪的体验角度出发，提出另一种思考顾客价值的方式，认为消费体验会引起体验消费价值。Clay 等（2016）将体验价值分为四种类型：消费者投资报酬、服务优越性、美感和趣味性（消费者投资报酬指顾客投入金钱、时间、精神成本等所产生的报酬，顾客体验到的报酬包括感知的服务质量和有效的服务接触；服务优越性是顾客对外在优质服务的反应；美感是顾客在消费时产生的心理反应，主要来源于提供给顾客满足感的特定环境设计及提供给顾客娱乐或戏剧性的服务效能；趣味性是消费者从事引人入胜的活动时产生的内在感受，可以使人短暂逃离现实生活）。

3.3.2 服务品牌忠诚

Imran 等（2016）探讨了忠诚的心理性含义并试图将其与行为上的定义加以区别。他们认为，作为品牌忠诚指示器的持续购买可能会模糊人们对品牌忠诚的认识，因为特殊情况下的人们会因方便而偏好或对多种品牌表现出忠诚。由于存在这些可能性，作者得出的结论是若不经过进一步的分析而仅从消费者的重复购买中推断得出忠诚或不忠诚可能是不明智的。

Moen 等（2013）认为，品牌忠诚是顾客通过一系列行为表现出的极力与目标品牌（公司）保持一种关系的企图，主要包括分配较高的钱包份额给特定的服务提供商，从事良好口碑的传播和重复购买。Mona 和 Mohammad（2020）认为，品牌忠诚是指不受环境变化和各种促成品牌转换行为发生的营销因素的影响，强烈坚持许诺将来始终如一地优先重复购买某一产品或服务，从而导致对同一品牌或同一品牌系列的重复购买。

通常情况下，服务与有形产品相比，具有以下主要特性：无形性、异质性、生产与消费的同步性及易逝性（Matthew & Zheng，2016）。服务的这些特性，决定了服务品牌忠诚与产品品牌忠诚的特征不同：首先，服务的无形性（服务不宜展示或沟通，从而消费者难以评估质量）、异质性（每位顾客都以独特需求或独特方式体验服务）及生产与消费的同步性（在服务生产过程中，消费者之间以及消费者与服务提供者之间的相互作用会影响消费者对质量的体验）决定了消费者无法客观衡量服务质量的个人体验这一指标，对服务品牌忠诚度有很重要的影响。其次，服务的无形性与异质性，往往使消费者一方面无法判断服务质量的真实内涵。由于消费者对服务涉及程度较高且很多服务具有连贯性，一旦选定很难改变。因此，在服务市场上，消费者选择服务时会更看重品牌，而且一旦选定，对品牌的忠诚度往往较高。最后，服务的生产与消费的同步性，决定了消费者对服务品牌的忠诚程度，与他们同服务提供者之间的关系密切相关。一旦建立起了良好的关系，消费者就很容易形成对品牌的忠诚。

3.3.3 顾客体验与品牌忠诚的关系

服务具有二重性，即作为结果的服务和作为过程的服务。顾客不仅关注服务的结果，也关注服务的过程。服务消费在很大程度上是过程消费，体验价值基本上是在服务过程中形成的。由体验价值的含义可知，它源自消费者与产品或服务在直接或远距离状态下的互动，是顾客获得的精神效用和体验成本之间对比的差额，受体验过程所驱动。因此，良好的体验可以带给顾客正向的体验价值。

Isabelle 等（2017）的研究表明，顾客在商店内的购物体验会显著地影响顾客满意度，进而影响顾客忠诚度。服务品牌是连接服务企业与消费者的媒介，顾客通过服务品牌可以联系到某项特定的服务，包括服务属性及功能性结果与象征性意义。服务品牌实际上传达了一个良好顾客体验的承诺，在一个美好体验预期下顾客选择该品牌而不是其他品牌。顾客如果在接受服务的过程中获得美妙而深刻的体验，更可能对该服务品牌产生偏好。而且，许多学者认为，服务消费在很大程度上是过程消费，服务的顾客价值基本上是在服务过程中形成的。上文提到的服务的无形性、异质性、生产与消费的同步性、易逝性四个主要特征都与服务作为过程的特征有关，这四个主要特征决定了消费者对服务质量的个人体验，对服务品牌忠诚度影响的重要性。也就是说，对以过程消费为主的服务业，形成品牌忠诚的关键是顾客体验。基于以上三点，本书提出命题 4 和命题 5：

命题 4：顾客体验对品牌忠诚有正向影响。

命题 5：顾客体验在品牌内化与品牌忠诚之间起到中介作用。

3.4　概念模型构建

基于对员工品牌内化的本质特征、构建维度，顾客体验的形成过程以及顾客体验在品牌内化与品牌忠诚之间中介作用的探究，本书尝试构建基于顾客体验中介作用的品牌内化与品牌忠诚关系的概念模型，如图 3.4 所示。

该模型主要包括以下三个方面的逻辑关系：①通过内部驱动要素（品牌培训、品牌激励和品牌沟通）及外部驱动因素（品牌形象、品牌声誉形成、品牌认同及承诺），从而实现品牌内化。这样员工才可以将品牌的质量和内涵更好地提供给消费者并且以消费者需求为导向，不断提升服务水平使消费者形成更好的品牌体验。②服务的个人体验是决定服务品牌顾客忠诚的关键因素，对以过程消费为主的服务业，形成品牌忠诚的关键是顾客体验。顾客体验是个体对某些刺激产生的回复性个别化感受，是由于个人对事件的直接观察或发生事件与个人的心理状态之间互动的结果。这种体验是对服务质量的感知，由于体验是一种客观存在的心理需求，体验的结果是顾客满意与否（顾客满意度）心理形成的根源。而顾客满意水平的不同，最终形成了顾客对服务品牌的忠诚与否。因此，我们可以将服务品牌忠诚的形成过程用图 3.4 表达出来。③顾客根据自身的需求、过去的消费经历、市场上有关服务提供者的口碑、企业形象以及营销沟通等因素形成对服

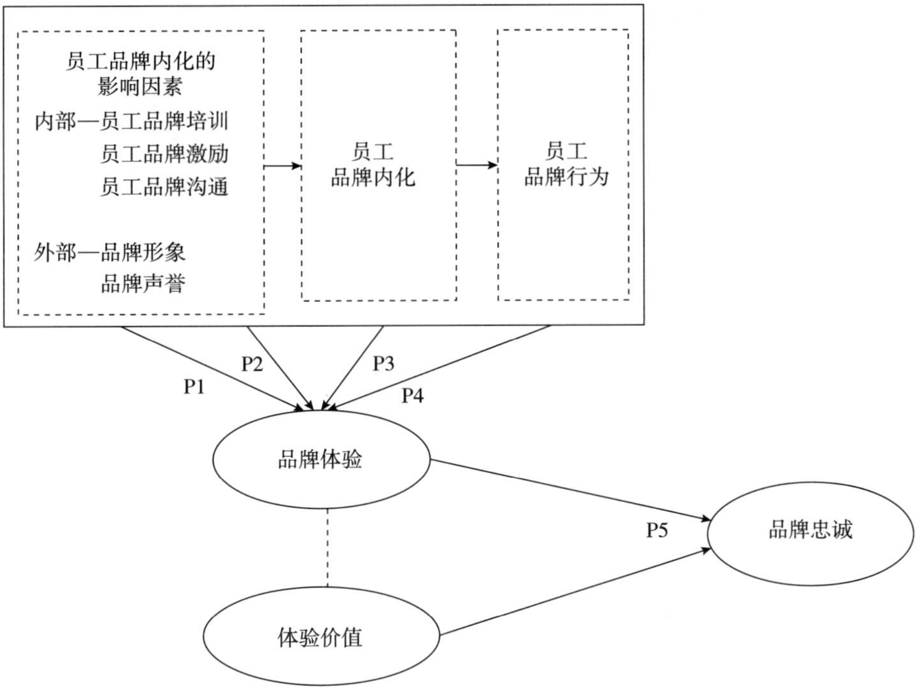

图 3.4 基于品牌体验中介作用的品牌内化与品牌忠诚关系模型

注：P 代表命题。

资料来源：作者编制。

务的预期，而顾客感知的服务绩效是顾客对服务的体验。员工通过提升服务质量从而提高过程和技术上的顾客满意水平，而过程和技术方面的满意度增加，会导致总体顾客满意度或总体感知增加，最终导致顾客的品牌忠诚。

3.5 本章小结

本章首先分析了顾客忠诚的形成过程，通过三角形价值观念（或三个承诺）框架即做出承诺、提供承诺和保持承诺来实现顾客忠诚。其次对形成该三角形的不同要素进行分析，构建员工品牌内化与品牌忠诚之间关系的概念模型。通过内外部驱动要素，挖掘员工如何将品牌的质量和内涵更好地提供给消费者，并且以消费者需求为导向，不断提升服务水平使消费者形成更好的品牌体验。而服务的个人体验是决定服务品牌顾客忠诚的关键因素，对以过程消费为主的服务业，形成品牌忠诚的关键是顾客体验。由于体验是一种客观存在的心理需求，体验的结果是顾客满意与否（顾客满意度）心理形成的根源，顾客满意水平的不同，最终形成了顾客对服务品牌的忠诚与否。因此，品牌体验是品牌内化及品牌忠诚的中介。最后通过概念模型提出相关命题，员工通过提升服务质量从而提高过程和技术上的顾客满意水平为开始，而过程和技术方面的满意度增加，会导致总体顾客满意度或总体感知提高，最终导致顾客的品牌忠诚。

4

研究设计和资料来源

4.1 资料搜集

本书旨在探讨如何通过品牌内化使消费者获得品牌体验，研究聚焦于一系列当时发生事件的“如何”和“为什么”的问题，案例研究是最为适用的方法。相对于其他研究方法，案例研究能够对案例进行翔实的描述与系统的理解，易于掌握动态的互动历程与所处的情境脉络，也可以获得全面与整体的观点。因此，本书采用案例研究的方法。

对于案例研究的过程，本书以 Yin（2003）提出的案例研究方法为范本展开，共分案例选取、建立工具和语言、进入现场、建立证据三角形、案例资料分析、多案例复制、得到结论七个步骤，如表 4.1 所示。

表 4.1　案例研究方法

顺序	步骤	内　　容
1	案例选取	选取具有代表性的成功服务品牌
2	建立工具和语言	案例的信度和效度
3	进入现场	采用深度访谈、直接观察、参与性观察的方式收集资料
4	建立证据三角形	企业的宣传手册、网上公开资料信息、企业社年度报告、社会议题管理内部档案、相关出版物等
5	案例资料分析	采用质性研究的方法，用话语分析来提炼变量

续表

顺序	步骤	内　容
6	多案例复制	比较几个案例通常是少数的个案，寻找潜藏的相似之处以及出现的关联性，比较不同的结果，并提出更具普遍性的解释
7	得到结论	确立关系模型

资料来源：作者整理。

4.1.1 案例选取

本书的焦点是探索成功服务品牌的建设，选择案例时基于以下原则：第一，案例的选择必须兼顾企业的代表性。本书并不打算研究所有服务领先企业，因为有些行业已经极富代表性，花时间去研究其中的企业就变成了重复劳动，还有些案例过于独特，无法为普遍企业提供参考。因此，本书选取的案例企业都是知名品牌，都具有良好的商誉及高无形价值，属于服务强势品牌。第二，在不同的服务行业里选择案例企业，可以有效控制行业环境变化的影响。由于服务品牌与产品品牌主要的不同在于服务品牌的顾客参与性和顾客与企业的接触性，因此考虑顾客与企业的接触程度是必要的。按 Chaessens 等（2001）的分类方法，即根据顾客在服务中的参与程度把服务型企业分为三大类——高接触服务、中接触服务和低接触服务。本书选择的行业有餐饮（高接触服务）、银行（中接触服务）、酒店（低接触服务）、电子产品（中接触服务）、电商平台（低接触服务），共涵盖了三大类服务业。第三，为了达到多重验证和相互对比的目的，保证服务品牌企业相关信息和数据的可得性，本书参考了阿里数据研究中心、艾瑞网及 2020 年中国服务业企业 500 强排行榜单信息，筛选出有较详细的资料记载及较丰富的实践经验的企业作为案例进行研究。

遵循以上案例选取原则，本书选取的案例企业包括 5 个服务企业，餐饮企业、银行、酒店、电子产品以及电商平台企业各一个。

4.1.2 建立工具和语言

确定好服务企业后，作者对收集到的信息进行精确的转换及整理，通过对文档资料、访谈记录等编写简要的注释性目录，建立初级和二级文件夹以形成资料库，并整理出从最初研究的问题到最终的案例研究结论之间的资料依据，形成证据链以增加研究的信度。

4.1.3 进入现场

本书主要采用深度访谈及小组访谈的形式搜集一手资料。首先，作者用附信的形式发邮件给案例企业的总经理办公室、市场营销部、顾客关系部，解释此次调查的目的并邀请他们参与到研究中来。同时，作者通过SKYPE 网络电话提高他们的参与积极性。本书所选取的案例企业都属于服务品牌中的强势品牌，因此，调查内容很快得到了一些回应。在访谈过程中，作者采用了“一人主问、两人主记”的探索性访谈方式，并在条件允许的情况下对访谈过程进行了录音。访谈结束后 24 小时内，三位访谈人员即进行访谈内容的再现，并将以上数据和其他渠道获得的资料统一归档到案例研究资料库，以备下一步数据分析之用。

4.1.4 建立证据三角形

本书使用多种数据来源，形成证据三角形以提高研究的建构效度。除通过管理人员的深度访谈获取被调研企业品牌建设情况之外，调研的三个企业都有企业宣传手册、网上公开资料信息、企业年度报告、社会议题管理内部档案以及相关出版物等，使用多种数据来源的资料有利于研究者全方位地考察问题——历史的、态度的、行为的，其最大的优点在于殊途同归（Converging Lines of Inquiry），即不同途径的资料相互印证，形成证据三角形。本书的案例信息来自专著、学术文章、报纸杂志、网络及实地访谈等多种渠道，各种证据之间取长补短、相辅相成。另外，作者请了两名近几年一直从事品牌管理研究的学者对这三家案例企业的文档信息进行分析与评估。这两名评估人员在不知道本书的基本理论模型及相关假设的前提下，对企业的公开信息进行仔细的解读和分析，得到企业的品牌管理情况。

4.2 案例企业简介

4.2.1 如家酒店集团

如家酒店集团创立于2002年，2006年10月在美国纳斯达克上市。作为中国酒店业海外上市第一股，如家酒店集团以“成为全球酒店行业前三甲的酒店管理企业”为愿景，始终秉承“家”文化，用真挚的如家招牌式的微笑和贴心的服务使住“家”者宾至如归。

如家酒店集团旗下现有五个酒店品牌：和颐酒店、如家精选酒店、如家酒店、莫泰酒店和云上四季酒店。2014年，如家酒店以4.2亿美元的品牌价值入选中国品牌100强。截至2015年12月，如家酒店集团在中国346个城市共有近3000家酒店投入运营，形成了行业领先的国内连锁酒店网络体系。

（1）如家酒店集团旗下中高端全感官人文商旅连锁酒店品牌——和颐酒店（Yitel），注重设计细节，配套便捷高效的商务设施与恰到好处的热情款待。和颐酒店提供物超所值的星级酒店住宿服务体验，让消费者在领略通体舒泰的全方位感官享受后，重塑和谐、激发活力。和颐酒店的多功能软体、木制家具和设备将中端商务居住环境推向接近高星级酒店。“物超所值”在和颐酒店有了新的标准和诠释，满足了商务和休闲旅行中客人对较高的住宿与用餐的需求，具备完整的商务会务设备与服务，快捷多样的订房渠道，性价比高。和颐酒店目前在全国25个城市拥有67家酒店。和颐酒店曾多次获得中国金枕头奖“中国最佳中高端商务酒店品牌”殊荣。

（2）如家酒店集团旗下中端全感官创意商旅连锁酒店品牌——如家精选酒（Homeinn Plus），有着流行的英伦现代设计风格，典雅而不失时尚，简约且依然精致。创意性的细节处处融入酒店产品，倡导商旅途中视觉、听觉、味觉、嗅觉、触觉等“五感”全方位体验，满足高品位商旅人士的社交情感需求，为工作和生活带来无限灵感。商务洽谈空间和公共休息区域注入更为商务化、人性化和社交化的服务元素。创新的“智能酒店方案”全面入驻，移动互联网时代的酒店顾客体验获得跨越式的升级。

（3）如家酒店集团旗下温馨舒适的商旅型连锁酒店品牌——如家酒店（Homeinn），通过标准化、简洁、舒适的酒店住宿服务，使大众商务以及休闲旅行宾客收获温馨、便捷的住宿体验。走进如家酒店，没有奢华、夸张的装饰和服务，更多的是微笑和关心，满足了宾客对舒适、安全、干净和卫生的住宿与用餐的需求。如家酒店具备符合潮流的商务及网络服务，快捷多样的订房渠道，价格经济。如家酒店也是国内商务酒店品牌中规模最大的，目前在全国 330 个城市拥有 2500 家酒店。如家酒店多年获得中国金枕头奖“中国最佳经济型连锁酒店品牌”殊荣。2014 年，如家酒店以 4.21 亿美元的品牌价值被世界上最大的传播集团 WPP 列入中国品牌 100 强，居酒店行业之首。

（4）如家酒店集团旗下时尚简约的商旅型连锁酒店品牌——莫泰酒店（Motel）设计时尚、设施完备、舒适方便，焕发新颜的莫泰酒店高度契合了当代消费者个性化的住宿需求。莫泰酒店在贯彻时尚理念的同时，注重健康、高品质的生活方式，给宾客带来一场与众不同的全新酒店住宿体验。具备符合潮流的商务及网络服务，快捷多样的订房渠道，价格经济。莫泰酒店目前在全国 100 百多个城市拥有近 500 家酒店。莫泰酒店曾获得中国金枕头奖“中国最佳经济型连锁酒店品牌”殊荣。

（5）如家酒店集团旗下地域风情的商务连锁酒店品牌——云上四季酒店（Fairyland）以品质商务铸造为己任，致力于打造传承经典中国元素和体现滇域文化特色的连锁型酒店。2014 年 5 月，云上四季连锁酒店整体加入到国内最大的酒店集团——如家酒店集团大家庭中。展望未来，云上四季酒店将在如家酒店集团专业的管理和运营下更好地服务于来自于五湖四海的宾客。云上四季酒店主要位于云南省，在全国 10 多个城市拥有 31 家店，约 3500 间客房。

如家成立至今，更以敏锐的市场洞察力、完善的人力资源体系、有力的管理执行力和强大的资金优势迅速建立起了品牌、系统、技术、客源等多个核心竞争力。作为国内最大的综合性酒店集团之一，如家正用实际行动引领中国大众住宿业市场走向成熟和完善，带领民族品牌走向世界。

4.2.2 海底捞

海底捞成立于1994年，是一家以经营川味火锅为主、融各地火锅特色为一体的大型跨省直营餐饮品牌火锅店，全称是四川海底捞餐饮股份有限公司，创始人张勇，海底捞在我国北京、上海、沈阳、天津、武汉、石家庄、西安、郑州、南京、广州、杭州、长沙、深圳、成都、重庆、简阳地区及韩国、日本、新加坡、美国等国家有百余家直营连锁餐厅。

2018年5月17日，海底捞国际控股在港交所递交上市申请，9月26日海底捞（新上市编号：06862）正式登陆中国香港资本市场。

海底捞始终坚持“无公害，一次性”的选料和底料原则，严把原料关、配料关。二十多年来历经市场和顾客的检验，成功打造出信誉度高、颇具四川火锅特色的火锅品牌。经过二十年艰苦创业，不断进取，团结拼搏，海底捞逐步从一个不知名的小火锅店起步，拥有近2万名员工。海底捞拥有一批食品、饮食、营养、工程、仓储、管理方面的专家和专业技术人员。现有117家直营店，四个大型现代化物流配送基地和一个底料生产基地（获得HACCP认证、QS认证和ISO 9001国际质量体系认证）。公司曾先后在四川、陕西、河南等省荣获“先进企业”“消费者满意单位”“名优火锅”等十几项称号和荣誉，创新的特色服务赢得了“五星级”火锅店的美名。

2008~2012年，海底捞连续5年荣获大众点评网“最受欢迎十佳火锅店”，连续5年获“中国餐饮百强企业”荣誉称号。2011年5月27日，“海底捞”商标荣获“中国驰名商标”。2020年5月10日，“2020中国品牌500强”排行榜发布，海底捞排名第463位。2020年5月13日，海底捞名列2020年《福布斯》全球企业2000强榜第1691位，6月位列“2019年中国餐饮企业百强”第3位，7月《财富》中国500强排行榜发布，海底捞国际控股有限公司以265.558亿元排名第350位。

4.2.3 浙商银行

浙商银行是经原中国银监会批准设立的全国性股份制商业银行，全称为浙商银行股份有限公司，英文全称为CHINA ZHESHANG BANK CO.,

LTD.，英文简称 CZB。浙商银行前身为浙江商业银行，是一家于 1993 年在宁波成立的中外合资银行，2004 年 6 月 30 日，经原中国银监会批准，重组、更名、迁址，改制为现在的浙商银行。截至 2014 年末，浙商银行注册资本 115 亿元，监管资本 410 亿元，总资产 6700 亿元，各项存款 3600 亿元，各项贷款 2600 亿元。浙商银行在 2014 年英国《银行家》杂志公布的“全球银行业 1000 强”榜单中位列第 208 位。

浙商银行确立了“两最”发展总目标：到 2025 年左右，成为最具竞争力的全国性股份制商业银行和浙江省最重要金融平台。最具竞争力是指在服务能力、风控能力、创新能力、盈利能力上具有明显竞争优势，最重要金融平台是指成为服务全国乃至全球市场、功能齐全、规模领先、业绩优良、声誉卓著的代表性金融机构。根据上述总目标，浙商银行确立了全资产经营战略：在继续做大信贷资产规模的同时，通过加强与银行同业、非银行金融机构以及类金融机构的合作，积极参与各类金融市场，实现资产经营表内与表外、本币与外币及多品种融合，为客户提供全方位、持续性金融解决方案。以尽量少耗用资源的方式，在不同阶段强化相应的战略型业务、轻资产型业务和效益型业务，进而重塑银行资产负债表，以资产经营能力驱动负债，不断提升市场竞争力、扩大市场影响力。

近年来，浙商银行围绕“两最”总目标，坚持全资产经营战略，强化创新推进与全面风险管理，各项业务取得了协调快速发展：

（1）公司业务方面，积极推进“总对总”营销，不断完善差异化商业模式及营销机制；创新推广“涌金票据池”，营造公司业务（存款池—票据池—资产池）“池”化特色，业务规模和客户数量实现同步快速增长，加速打造成优质客户的流动型服务银行。

（2）小企业业务方面，按照“专业化经营、近距离设点、高效率审批、多方式服务”的经营方针，建立了小企业专营机构体系，单独建立了一套适合小企业业务特点的制度体系和业务流程，创新开发了突破抵质押方式的“桥隧模式”“联保贷款”“村民保证贷”和“一日贷”“三年贷”“全额贷”等契合小企业主需求的特色产品。2014 年末，全行国标小企业贷款余额占各项贷款 34.58%。小贷品牌影响不断扩大，多次荣获原中国银监会颁发的“全国小企业金融服务先进单位”荣誉称号，并获得原中国银监会“2012 年度小微企业金融服务表现突出银行”，还获得相关媒体评选出的“中国中小企业金融服务十佳机构”（2009 年）、“最佳中小企业信贷银行”（2011 年）、“小企业优秀服务产品”（2012 年）奖等多项荣誉。

（3）个人业务方面，积极建设从产品研发到营销推广的端到端全流程产品体系，大力发展“增金宝”、理财业务、信用卡、住房按揭等特色产品，通过交叉销售逐步优化线上/线下的客户体验，以差异化服务提升市场影响力。2014 年，理财规模实现跨越式增长，柜面理财累计募集资金 1181 亿元，同比增长 11 倍；2015 年 3 月推出“增金宝”业务，市场反响强烈，获评“2014 中国最佳固定收益类、最佳稳健收益型银行理财”产品。

（4）投资银行业务方面，突破发展了信贷资产证券化、债务融资工具承销、保险资金投资基础设施独立监督人、证券投资基金托管、保险资金托管等业务；先后发行了国内第一单中小企业信贷资产支持证券，创新发行中小企业集合票据，成为国内首家同时为中小企业提供直接、间接和混合三种融资模式的商业银行。市场影响持续提升，连续荣获《证券时报》颁发的“最具成长性银行投行”（2010 年）、“最佳创新银行投行”（2011 年）以及“最具竞争力银行投行”（2012~2014 年）等奖项。

（5）国际业务方面，积极拓宽境外机构合作渠道，目前已有海外代理行逾 950 家，并与多家境外同业建立了战略合作关系。创新和推进了批量汇款、双币种信用证、“内保外贷—租融通”“浙商跨境通”等产品，国际结算量和跨境人民币等业务实现了快速增长。

（6）网络金融业务方面，积极拓宽互联网获客渠道，率先推出 B2B 电子商务金融服务方案及特色平台（购销 e 网和购销通），推出微信银行、网上营业厅、直销银行服务，向客户提供全新的 7×24 小时金融服务。电子银行渠道替代率（笔数替代率为 93.5%、金额替代率为 49.5%）持续名列同业前茅，2012 年、2014 年均获评中国银行业协会“电话银行中心优秀服务奖”，中国电子银行业务发展高峰论坛上获“2013 年电子银行最佳创新奖”，获中国金融认证中心评选的“2012 年中国最佳网上银行安全奖”“2013 年中国最佳电子银行业务创新奖”“2014 年中国网络金融创新奖”，新浪网评选的“2014 年创新手机银行奖”“年度创新互联网银行奖”等荣誉。

（7）资金同业业务方面，树立大同业理念，取得记账式国债承销资格，成为市场利率自律定价机制基础成员，获得央行专项再贷款、同业存单发行、黄金询价交易和人民币对外汇期权交易等资格，分层次、多维度开展金融同业合作，拓展并强化与各类金融机构的合作，积极参与各类市场，交易活跃度和市场知名度显著提升，获评全国银行间同业拆借中心“2014 年最具市场影响力奖”“2014 年同业存单突出贡献奖”等荣誉。

浙商银行实行“统一法人，授权经营，集约化管理”制度，全行统一文化理念、统一形象标识、统一规章制度、统一业务系统、统一服务标准、统一财会核算。根据全资产经营要求，建立了“一体化经营，多中心治理”的经营管理体系。

（8）风险管理上，建立了与全资产经营业务治理体系相适应的全面风险管理体系，注重风控与经营的匹配性，注重风控的有效性和策略性，坚持“全面、统一”的风险管理要求和“审慎分类、充分拨备”的原则；实行风险监控官委派制度，风险监控官由总行委派并对总行负责，主管派驻行和派驻总行部门的风险管理。开业以来资产质量持续保持优良，截至 2014 年末，全行不良贷款率为 0.88%，居同业优秀水平；贷款拨备覆盖率为 292.89%，贷款拨备率为 2.59%，拨备充足。内控管理上，按照银行建设目标，建立了符合监管要求和经营管理需要的内控组织体系、制度体系、授权体系、岗位责任体系、业务流程和管理流程体系、监督检查体系、内控管理评价体系，连续多年保持稳健良好的运营局面。

（9）信息系统建设上，以“信息化银行”建设为目标，持续推进信息科技与经营管理全方位融合，在国内第一家实现了基于企业级 SOA 构建信息系统和再造业务流程，“基于企业级 SOA 新一代业务处理系统”获评中国人民银行 2012 年科技发展二等奖。

（10）绩效管理上，从 2006 年开始，在同业中率先全面实施经济资本管理；把风险加权资产作为主要经营资源进行管理，建立了覆盖主要经营目标和业务条线目标，经济绩效、综合绩效和经营目标完成情况相互补充的绩效管理体系；建立对标体系，实施对标管理、动态考核，取得一定的市场地位。

浙商银行积极履行社会责任。2004 年成立时，即以资助“雏鹰起飞——浙商银行千名贫困学子助学计划”替代开业仪式，并形成了将分行、支行开业庆典款项用于资助希望小学、贫困学生、敬老院等公益事业的良好传统，持续开展捐资助学活动。建立了浙商银行慈善基金，热心公益事业；专项援建并持续资助浙商银行（陕西）接官亭镇中心小学；创建团中央青年就业创业见习基地；连续举办大型公益助学活动——浙商银行彩虹计划，捐助并动员社会力量募集资金共计近 750 万元，资助贫困学生

8000多名。同时积极履行经济责任和持续发展责任，积极实践“绿色信贷”理念，坚持“低碳运营”，先后获评“劳动保障诚信单位”“最具社会责任金融机构”，以及中国银行业协会颁发的“2010年度社会责任践行奖”“2012年度最佳社会责任实践案例奖”。

4.2.4 华为

华为技术有限公司，成立于1987年，总部位于广东省深圳市龙岗区。华为是全球领先的信息与通信技术（ICT）解决方案供应商，专注于ICT领域，稳健经营、持续创新、开放合作，在电信运营商、企业、终端和云计算等领域构筑了端到端的解决方案优势，为运营商客户、企业客户和消费者提供有竞争力的ICT解决方案、产品和服务，并致力于构建更美好的全连接世界。2013年，华为首超全球第一大电信设备商爱立信，排名《财富》世界500强第315位。

2019年8月22日，中国民营企业500强发布，华为投资控股有限公司以7212亿元营收排名第一；12月15日，华为获得了首批“2019中国品牌强国盛典年度荣耀品牌的殊荣”。

2020年8月10日，《财富》公布世界500强榜（企业名单），华为排在第49位。在2020年中国民营企业500强中华为排名第一。

（1）业务领域。华为聚焦ICT基础设施领域，围绕政府及公共事业、金融、能源、电力和交通等客户需求持续创新，提供可被合作伙伴集成的ICT产品和解决方案，帮助企业提升通信、办公和生产系统的效率，降低经营成本。

华为的产品和解决方案已经应用于全球170多个国家和地区，服务全球运营商50强中的45家及全球1/3的人口。具体包括以下十个方面：①无线接入；②固定接入；③核心网；④传送网；⑤数据通信；⑥能源与基础设施；⑦业务与软件；⑧OSS；⑨安全存储；⑩华为终端。

（2）全球运营。华为1996年进入中国香港市场；1997年进入俄罗斯市场；1998年进入印度市场；2000年进入中东和非洲市场；2001年迅速扩大到东南亚和欧洲等40多个国家和地区；2002年进入美国市场。

截至2016年底，华为在全球168个国家和地区有分公司或代表处；同时，依据不同国家和地区的能力优势，在美国、欧洲、日本、印度、新加坡等国构建了 16 个研究所，28 个创新中心，45 个产品服务中心。华为有 7 万多人的全球最大规模的研发团队，每年销售额 10%投入研发，累计获得专利授权 36511 件。2007~2016 年，华为累计研发投入 250 亿美元。

在这样一个全球性的市场网络与研发平台上，产品的研发需求来自华为，架构由欧美顶尖专家设计，硬件由华为中国团队完成，软件主要由印度科技人才承担，制造主要由富士康公司完成，最后再在华为的全球市场网络进行销售。

2015 年，华为支持客户 1500 多个网络的稳定运行，保障全球 130 多个重大事件/自然灾害网络稳定。

（3）企业价值观。在全球化运营的发展时期，华为的企业文化在于其核心价值观，即“以客户为中心，以奋斗者为本”。具体如下：

1）成就客户：为客户服务是华为存在的唯一理由，客户需求是华为发展的原动力。

2）艰苦奋斗：华为没有任何稀缺的资源可依赖，唯有艰苦奋斗才能赢得客户的尊重和信赖。坚持奋斗者为本，使奋斗者获得合理的回报。

3）自我批判：只有坚持自我批判，才能倾听、扬弃和持续超越，才能更容易尊重他人和与他人合作，实现客户、公司、团队和个人的共同发展。

4）开放进取：积极进取，勇于开拓，坚持开放与创新。

5）至诚守信：诚信是华为最重要的无形资产，华为坚持以诚信赢得客户。

6）团队合作：胜则举杯相庆，败则拼死相救。

华为的愿景、使命如下：

1）愿景：丰富人们的沟通和生活。

2）使命：聚焦客户关注的挑战和压力，提供有竞争力的通信解决方案和服务，持续为客户创造最大价值。

3）战略：以客户为中心。

4.2.5 拼多多

拼多多是国内移动互联网的主流电子商务应用产品，专注于 C2M 拼团购物的第三方社交电商平台，成立于 2015 年 9 月。用户通过发起和朋友、家人、邻居等的拼团，可以更低的价格拼团购买优质商品，旨在凝聚更多人的力量，用更低的价格买到更好的东西，体会更多的实惠和乐趣。通过沟通分享形成的社交理念，形成了拼多多独特的新社交电商思维。2020年8月11日，中国最大的农产品上行平台拼多多正式开启第二届“农货节”。

拼多多的发展历程如下：

2015年4月，拼多多正式上线。

2018年7月26日，拼多多正式登陆美国资本市场，发行价19美元，市值达到240亿美元。

2018年8月31日，拼多多（PDD）公布上市以来首份财报，第二季度营收同比增2489%。

2018年10月，国美电器与拼多多已展开合作，前者为拼多多提供电器类商品经营业务。

2018年12月4日，根据央视经济网报道，拼多多新一季度交易额增长586%，收入增长高达697%，在年度活跃用户方面则达到了3.855亿人，超过京东的3.052亿元成为中国第二大电商平台。

2019年6月11日，拼多多入选“2019福布斯中国最具创新力企业榜”。

2019年12月，拼多多入选“2019中国品牌强国盛典榜样100品牌”。

2020年3月15日，拼多多发布《消费者权益保护年度报告（2019）》。报告从消费者权益平台保护机制、长效生态“自净”机制、严防“假货高地”溢出效应、加速知识产权保护、“百亿补贴”助力全民普惠、抗疫助农行动六大部分，总结了拼多多在2019年度持续升级治理能力、着力构筑全方位消费者权益保护体系的相关工作经验及成果。

4.3 本章小结

本章首先提出选用案例分析的原因及合理性：因为本书旨在探讨如何通过品牌内化使消费者获得品牌体验，聚焦于一系列当时发生事件的“如何”和“怎样”的问题，案例研究是最为适用的方法。相对于其他研究方法，案例研究能对案例进行翔实的描述与系统的理解，而且对案例中企业动态的互动历程与所处的情境脉络亦会加以掌握，而可以获得全面与整体的观点，所以本书采用案例研究的方法进行模型验证。本书对案例企业进行了简要介绍，主要包括员工的品牌认同、消费者的消费体验及品牌忠诚等几个方面，作为下一章资料分析的基础。

5 概念模式验证及相关命题支持情况的分析

本书运用纵向多案例分析法对顾客品牌忠诚的形成过程进行检验：使用语言学中话语分析的方法对品牌企业访谈资料及文献资料进行由表层形式到深层功能的分析过程，在表层性语域分析的基础上进一步进行功能性修辞分析，并通过脉络图对案例企业的品牌忠诚过程分别进行展示；在功能性修辞分析的基础上进一步进行语篇互动分析，并通过因果网络图探析各构成维度的形成顺序；最后通过多案例比较分析，比较个案之间的距离、相关性及因果状态，从而以完成个案复制性检验以验证初始理论模型及相关命题。

5.1 案例企业的有效性检验

为证明所选案例的有效性，本章主要使用以下三种方式：①统计2010~2020年案例企业在收集的534篇企业服务质量相关文献中出现的频数；②统计案例企业发布的企业年度报告及媒体报道情况；③统计顾客对案例企业的响应程度。

5.1.1 案例企业在文献中出现的频数统计

表5.1是2010~2020年本书所获取的177篇文献中关于如家、海底捞、浙商银行、华为以及拼多多五家企业出现的频数及所占文献中案例讨论的百分比情况。因为本书所统计文献都是围绕品牌忠诚这一核心事件，

因此，这五家企业在文献案例中所占的比例具有一定的代表性。

表 5.1 案例企业文献中出现的频数及百分比

案例企业	频数（次）	百分比（%）
如家	54	16
浙商银行	15	4
海底捞	27	8
华为	59	18
拼多多	22	7
总计	177	53

资料来源：作者编制。

从统计结果可以看出，本书获取的2010~2020年有关品牌领域的337篇文献中，涉及案例研究的文献共177篇。其中以如家为案例研究的文献出现54次，占文献中出现案例总数的16%，浙商银行在案例文献中出现15次，占文献中出现案例总数的4%，海底捞在案例文献中出现27次，占文献中出现案例总数的8%，华为在案例讨论的文献中出现59次，占文献中出现案例总数的18%，拼多多在案例讨论的文献中出现22次，占文献中出现案例总数的7%。五家企业在整体案例研究的文献比例占53%。因此，我们可以发现五家案例企业在学术界研究中是具有典型性和代表性的，可以作为标杆案例进行分析和探讨。

5.1.2 案例企业品牌忠诚的形成过程

本书尝试总结这五家案例企业的品牌内化、品牌体验及顾客忠诚的形成过程，结果如表5.2~表5.6所示。

表 5.2 如家的品牌忠诚形成过程

如家	顾客品牌忠诚的形成过程
2012年	如家快捷酒店品牌的第1000家酒店开业，完成单一品牌的千店布局。收购后，其市场占有率从17%上升为25%

续表

如家	顾客品牌忠诚的形成过程
2015 年	如家酒店集团迎来第 5000 万名会员，如家关注会员发展，同时更关注会员体验
2018 年	如家全新升级会员权益体系，推出“基础权益、成长特权、商旅特权、亲子特权、休闲特权”五大会员权益，为会员“家人”们焕新启程
2020 年	考虑到新冠肺炎疫情后商务出差和家庭出游等庞大的消费市场，如家推出极具人性化的定制商务差旅权益。截至 2020 年，旗下开业的中高端酒店已经超过 1000 家，拥有会员 1.2 亿人

资料来源：作者整理。

表 5.3　浙商银行的品牌忠诚形成过程

浙商银行	顾客品牌忠诚的形成过程
2012 年	全面推广“涌金票据池”产品，业务规模和客户数量快速增加，通过丰富的功能、差异化的服务形成了良好的票据管家品牌形象；创新推出信用通卡、如意贷等新产品，优化小企业积分贷、小企业 E 申请服务方式，推进批量营销和微贷业务商业模式，小企业产品体系不断完善，客户体验不断提升，全面服务小企业的能力持续增强
2015 年	2015 年起，该行个人客户在该行网上银行、手机银行、自助转账机、ATM 等所有电子渠道都享受跨行转账免费政策，通过 B2B 模式为中小微企业提供物流、通关、信保、融资、收汇和退税等一站式服务。大大地提升了个人客户及企业客户的满意度和忠诚度
2018 年	推出网上营业厅、直销银行、微信银行，完善渠道建设和产品功能，大大提高客户体验满意度。推进理财业务产品端和投资端模式创新，发行首单投向结构化定向增发股票和首款挂钩沪深 300 指数的结构化理财产品，理财产品影响力持续上升
2020 年	该行资产负债结构不断优化，资产端方面，客户贷款及垫款总额首破万亿元达 1.03 万亿元，增长 19.06%。负债端方面，客户存款余额 1.14 万亿元，增长 17.33%，吸收存款占总负债比重上升至 68.37%，资源使用效率及经营效率持续走高，客户忠诚度不断提高

资料来源：作者整理。

表 5.4 海底捞的品牌忠诚形成过程

海底捞	顾客品牌忠诚的形成过程
2012 年	拥有一批食品、饮食、营养、工程、仓储、管理方面专家和专业技术人员。拥有 117 家直营店，四个大型现代化物流配送基地和一个底料生产基地。公司曾先后在多省荣获“先进企业”“消费者满意单位”“名优火锅”等十几项称号和荣誉，创新的特色服务赢得了“五星级”火锅店的美名
2015 年	海底捞推出客户分级政策，将客户分成四个等级，并制定会员的升级与降级规则，使不同的客户享受到专有的服务。连续 5 年获“中国餐饮百强企业”荣誉称号。通过激励和分配制度的改革，调动了门店一线管理人员的积极性，有效地控制了门店能源、物料消耗等其他经营费用
2018 年	海底捞有完善的顾客档案，建立专门客户组织，使客户在企业中能够找到归属感。2018 年收入 169.69 亿元，同比增长 59.5%；净利润 16.46 亿元，同比增长约 60%。9 月 26 日，海底捞在香港证券交易所上市
2020 年	2020 年 4 月 3 日，海底捞调味品旗舰店上线多款速食产品，由此，其方便速食业务增长迅速，该业务也将成为其未来重点发力的方向之一，大大拓宽了客户消费区间和基础

资料来源：作者整理。

表 5.5 华为的品牌忠诚形成过程

华为	顾客品牌忠诚的形成过程
2012 年	华为花粉俱乐部成立于 2012 年，是华为官方唯一的粉丝交流互动平台。它的服务宗旨是为“花粉”们第一时间呈现华为和荣耀最新的产品和服务资讯，建立华为和粉丝、粉丝和粉丝之间的沟通和互动平台，并通过组织丰富的线上内容和线下互动活动提升和延伸华为的产品和服务体验。俱乐部注册“花粉”突破 2000 万
2015 年	以消费者为中心，以行践言（Make it Possible）持续聚焦精品战略，其中旗舰机型华为 Ascend P6 实现了品牌利润双赢，智能手机业务获得历史性突破，市场排名进入全球前三，华为手机品牌知名度全球同比增长 110%

续表

华为	顾客品牌忠诚的形成过程
2018 年	华为在全球 168 个国家和地区有分公司或代表处；同时，依据不同国家或地区的能力优势，构建了 16 个研究所，28 个创新中心，45 个产品服务中心。华为有 7 万多人的全球最大规模的研发团队，每年销售额 10%投入研发，累计获得专利授权 36511 件
2020 年	2020 年 8 月 10 日，《财富》公布世界 500 强榜企业名单，华为排在第 49 位，同时华为在 2020 年中国民营企业 500 强中排第一名。《QuestMobile 中国移动互联网 2020 半年大报告》，报告显示华为在国内各智能手机品牌的用户忠诚度中排第一

资料来源：作者整理。

表 5.6　拼多多的品牌忠诚形成过程

拼多多	顾客品牌忠诚的形成过程
2012 年	拼多多作为第三方移动电子商务平台，主要运用团购形式，以最优惠的价格购买优质的产品，把拼团模式运用到极致。自平台上线以来，仅 3 个月就突破了 1000 万元的单日营业额，付费用户远超 2000 万人
2015 年	拼多多联手农业，收购贫困户的农作物，较好地解决了农作物丰收价低伤农的问题。利用大数据指导贫困农业户，改善种养殖结构，增加农民收入。用户量突破 1 亿，获得 B 轮 1.1 亿美元融资，IDG 资本、腾讯、高榕资本领投
2018 年	2018 年底拼多多成立了新品牌计划，首批就有 500 家企业参与试点工程，至今已经推出了 1300 多款定制化产品，而订单量也超过了 7000 万件。新一季度交易额增长 586%，收入增长高达 697%，年度活跃用户达到了 3.855 亿人，超过京东的 3.052 亿人成为中国第二大电商平台
2020 年	发布《消费者权益保护年度报告（2019）》。报告从消费者权益平台保护机制、长效生态“自净”机制、严防“假货高地”溢出效应、加速知识产权保护、“百亿补贴”助力全民普惠、抗疫助农行动六大部分，持续升级治理能力、着力构筑全方位消费者权益保护体系，全网全域用户的覆盖率仍在提速增长

资料来源：作者整理。

从上文中可以看出，案例企业的品牌得到了社会公众的普遍认同，这些荣誉及认同是证明其品牌忠诚的一个有力指标。

5.2 案例企业质性资料分析

对案例企业质性资料的分析，按照研究设计，本书采用语言学话语分析的方法。案例研究的资料是由访谈语料及案例企业的网站、文档资料等构成，这种直接与间接资料的相互补充恰好构成了资料的证据三角形（Yin，2003）。对于如家酒店集团本书采用访谈的方式获得一手资料，而对于浙商银行、海底捞、华为以及拼多多，本书采用其官方网站提供的企业年度报告及其他数据库文档资料。

本章话语分析的主要思路如下：语句中的每个词语都能激活相关信息成为下句论述的出发点，或者说下句中的词语只要能与上句中的某词语或其所激活的相关信息建立联系，这两个句子就具有连贯意义；如果数个语句都能围绕一个出发点来论述，它们也就具有连贯的意义（Langacker，1991）。如图 5.1 所示，Langacker（1991）曾用“夜空现象”来解释话语之间的关系：夜晚的天空布满星星如何从满天星空中找到一颗想要找的星星？观察者（概念化者 C）往往是先确定一个明亮的、易找的、凸显的星星，然后以其为出发点，通过参考点 R 来找到目标星星（T）。

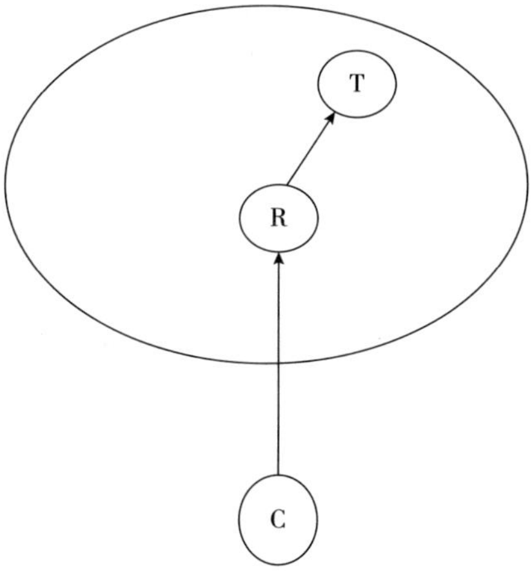

图 5.1 “夜空现象”

资料来源：王寅（2005）。

依据这一观点，本书构建话语分析思路如图 5.2 所示。

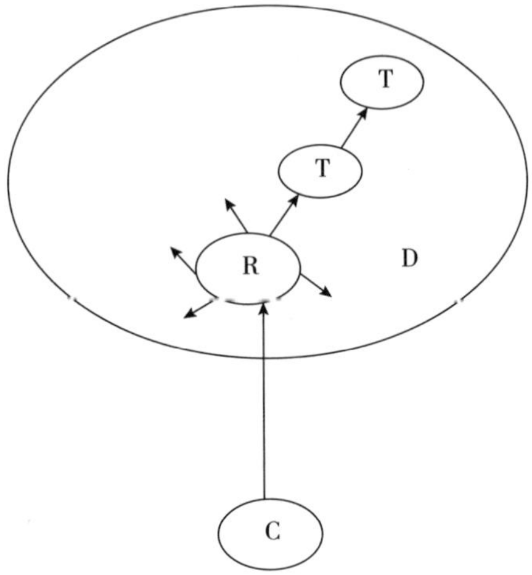

图 5.2　话语分析思路

资料来源：王寅（2005）。

首先，概念化者 C 基于某一视角确定一个讲话范围（D）和出发点（R），围绕这个出发点可进行一系列论述即多个 T，那么这段语料是有意义且连贯的；其次，只要上句的词语（相当于图中的 R）或 R 的语义域 D 能为下句中的词语 T 提供潜在的参照点，下文的 T 就能与上文的 R 建立某种参照关系，这两个语句也就具有意义和连贯性。

基于以上分析思路，本书按以下步骤进行话语分析：

首先，采用表层性语域分析、功能性修辞分析和语篇互动分析进行由表层形式到深层功能的分析：表层性语域分析是低诠释性的初级语料分析方法，是研究者根据经验对某些句子出现率的直观判断，很少谈到句法要素在特定社会建构中的有限价值，研究结果强调表层特征，因而未能提供在特定语类中信息组织方式的确切见解；功能性修辞分析的解释性较高，考虑到修辞所要表达某种意义的场合，语言在与外界情境交际的过程中呈现功能性的价值，该过程将语言系统与语言所在的社会环境结合起来，可以挖掘出说话人对共享社会文化知识理解的预设；语篇互动分析是最高诠释性的分析，它由言语相关构成要素“相互”作用给予言语相应的价值，经过磋商而构成的语篇。语篇之所以有意义，是言语与语境中的要素及内部要素自然相互作用的结果。

其次，利用矩阵表、脉络图、因果状态图对语料资料分析结果进行展示与呈现：本书利用表层性语域分析对案例企业的访谈资料及文献资料进行初步整理，以形成对访谈语料所反映企业品牌建设行为的合理解释，并通过矩阵表将分析结果进行呈现；利用功能性修辞分析描述案例企业员工内化的过程、品牌体验的中介作用等，并通过脉络图来展示企业的品牌忠诚形成过程；利用语篇互动分析探求案例企业品牌忠诚各个维度的互动关系，并通过因果状态图将分析结果进行呈现。

本书主要采用的是分析性归纳的方法，也就是先前提出的理论被当作“模板”（Template），实证结果要与模板相对照，如果两个或更多实证结果都支持同一理论，那么便可证明研究的可重复性及有效性（Yin，2003a）。下面是本书基于话语分析的思路和步骤所进行的质性分析。

5.2.1 如家的质性资料分析

（1）表层性语域分析。本书首先对收集到的如家访谈资料进行表层性语域分析，即对资料的基本内容进行概括，分析结果如表5.7所示。

表5.7 如家访谈资料表层性语域分析

年份	分析结果	表层性语域分析
2012	酒店满意度与员工满意度相互影响、相互依存	酒店服务的无形性决定了酒店员工的服务质量，直接影响其顾客的满意程度。不管是前台服务、客房服务还是餐饮服务等都是摸不着的，只有靠员工在服务过程中的服务态度、服务效率等来反映，从而让顾客感知并产生一个总体的评价。 酒店产品的综合性，使顾客对酒店产品的评价往往具有很强的连带性，也就是说，酒店的任何一个方面的服务没有做好，都可能引起顾客很大的不满，这些都足以说明员工对顾客满意度有着重要的影响

续表

年份	分析结果	表层性语域分析
2012	酒店满意度与员工满意度相互对立、相互矛盾	一直以来，“宾客至上”是酒店的服务宗旨。但是，酒店行业是典型的劳动密集型行业，而且其工作的复杂程度高，员工流动性很大，酒店很难留住“忠诚的员工”。这使酒店的员工满意与顾客满意之间在一定程度上存在着矛盾。如何使酒店既能实现“宾客至上”，又能保证“员工第一”，成了当今酒店行业面临的一大难题。实际上，酒店既要将顾客视为“上帝”，又不能忽视员工的利益，应当以对待顾客的态度对待员工，尊重员工、重视员工。于是有一些学者提出了“外部顾客”和“内部顾客”的观点
2016	酒店员工满意与顾客满意的互动影响	酒店的顾客满意度是由顾客所感知的服务决定的，而这种服务是酒店的员工提供的，员工能够提供令顾客满意的服务的前提是他们能够在服务的情感和服务的行为上都表现得忠诚，这些都是服务质量的保障。 但酒店员工的忠诚又是建立在他们对工作和环境满意的基础之上的，而这些又需要有良好的企业利润来保障，企业的利润高低最终由顾客的满意与否决定。于是，酒店的员工满意和顾客满意、酒店利润三者之间就形成了一个相互影响的循环互动关系
2018	顾客体验的中介作用	酒店员工的满意度首先表现为员工的忠诚，一方面，员工对酒店的情感投入越多、员工的归属感越强，则在酒店服务工作中投入的感情也会越深、精力也会越多，从而直接影响酒店服务的过程质量（所谓过程质量是指顾客是如何接受或得到服务的）。 顾客体验的是服务的质量，包括过程质量和结果质量。如果顾客对酒店提供的服务感知小于预期，比如说如家的酒店不能 24 小时提供热水服务，或者是酒店的服务员不懂得微笑服务等，这些都会让顾客感到失望。即使是其他服务都比较满意，也很难让顾客产生完美的总体印象，因而很可能导致顾客不再光顾甚至是告知他的亲友不要光顾该酒店。 如果顾客对酒店提供的服务感知跟预期等同，即酒店提供的服务基本符合标准，则顾客基本上满意。但是，他们不会对该酒店留下深刻的印象，也不会去为酒店做好的宣传，甚至如果出现了服务更好的同档次酒店，他们还有可能会成为其他酒店的顾客；如果顾客对酒店提供的服务感知大于顾客的预期，比如为当天生日的顾客送上一块免费的蛋糕或者是生日祝福，就会让顾客受宠若惊，他们很可能会忽略在该酒店入住期间的所有不愉快，甚至会将此经历很兴奋地告知亲友，对该酒店形成深刻印象以及强烈的认同感，进而让该顾客成为该酒店的忠实顾客

续表

年份	分析结果	表层性语域分析
2020	顾客满意度对品牌忠诚的反馈影响	顾客的行为将会直接影响酒店的市场占有率和获利能力。在现代激烈的市场竞争中，谁拥有忠实的顾客，谁就拥有市场，谁就拥有了获利的空间和潜力

资料来源：作者依据访谈资料结合文档资料分析所得。

（2）功能性修辞分析及脉络图。质性研究者指出，一个企业的行为必须置于一个特定脉络中才能被理解，我们不能忽视脉络，或把它看作一个常数般固定的东西。脉络可以是某情境的即刻相关方面，也可以是企业某一行为体系的相关方面（Matthew & Michael，2008）。如家访谈资料功能性修辞分析结果如表 5.8 所示。

表 5.8　如家访谈资料功能性修辞分析

年份	分析结果	功能性修辞分析
2012	“宾客至上”与“员工第一”的统一	无论是“宾客至上”还是“员工第一”都是把为顾客提供高水平的服务作为酒店的基本价值观。两者在形式上看似矛盾，实际上是内在统一的。实现了“宾客至上”，酒店就会获得良好的效益，员工就能获得良好的工作环境和发展前景。实现了“员工第一”，酒店的服务质量就能得到保障，让顾客满意，从而为酒店创造更高的利润，更好地实现“宾客至上”
2016	良好的品牌体验是员工忠诚的体现	酒店的顾客满意度是由顾客所感知的服务决定的，而这种服务是酒店的员工提供的，员工能够提供令顾客满意的服务的前提是他们能够在服务的情感和服务的行为上都表现得忠诚，这些都是服务质量的保障。但酒店员工的忠诚又是建立在他们对工作和环境满意的基础之上的
2018	品牌体验的中介作用	酒店员工的满意度将直接表现在他们为顾客提供的服务工作中，这些表现包括他们的忠诚度、归属感、责任感、服务态度以及服务效率等。因此，酒店的服务对顾客满意度有着直接的影响，顾客通过感知酒店提供产品和服务的质量，与自己的心理预期进行比较，通过对比形成对酒店服务的总体评价，从而影响他们的行为

续表

年份	分析结果	功能性修辞分析
2020	品牌忠诚的形成	酒店员工满意度、顾客满意度以及酒店利润三者之间存在循环互动的影响关系，这种影响包含了三个阶段，前一个阶段的结果影响着下一个阶段的正常运行。因此，酒店若要获得其顾客满意，首先应当保证其员工满意。只有满意的员工，才能创造满意的顾客；只有满意的顾客，才能为酒店创造满意的利润

资料来源：作者依据访谈资料结合文档资料分析所得。

依据表 5.8 的分析结果，本书进行资料展示并形成如家酒店品牌忠诚过程的脉络图，如图 5.3 所示。

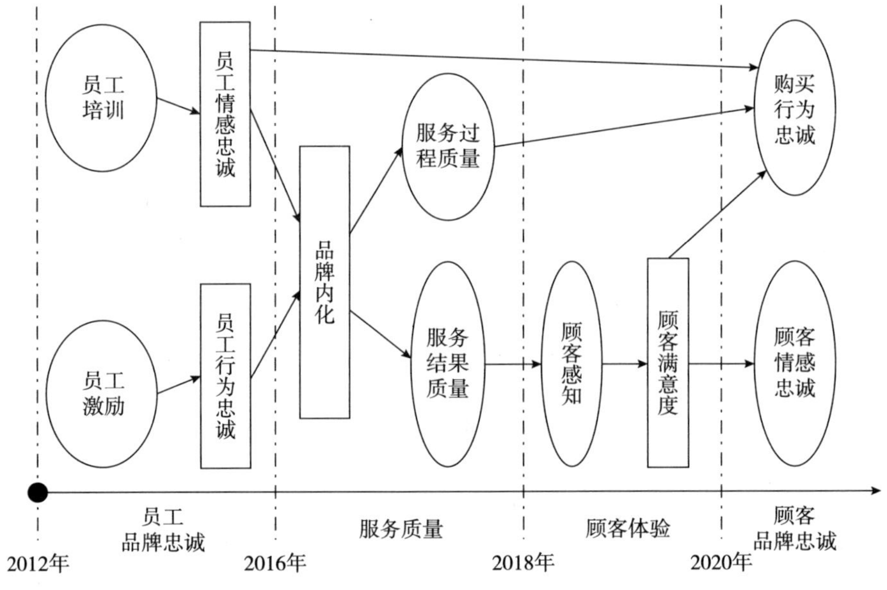

图 5.3　如家酒店品牌忠诚形成过程脉络图

资料来源：作者编制。

（3）语篇互动分析及因果状态图。因果状态图具有抽象性和推理性，可以把现场的资料整合起来以明确各维度的方向性及其中的顺序（Matthew & Michael，2008）。因此，本书用因果状态图来分析如家酒店品牌内化与品牌忠诚的互动关系，以方便后面的跨案例研究验证。由于因果状态图中涉及的意义解释性更高，我们需要进行语篇互动分析，挖掘通过表层性语域分析、功能性修辞分析而得到的语篇之间的互动关系，分析结果如表5.9所示。

表 5.9 如家访谈资料语篇互动分析

年份	分析结果	语篇互动分析
2012	员工品牌内化	员工在提供服务时的态度和效率等直接影响顾客对整个服务质量的总体评价
2016	员工满意与顾客体验	顾客通过感知酒店提供产品和服务的质量与自己的心理预期进行比较，通过对比形成对酒店服务的总体评价，从而影响他们的行为
2018	品牌体验的中介作用	员工品牌忠诚—顾客良好的品牌体验—顾客品牌忠诚
2020	品牌忠诚的形成	酒店员工满意度、顾客满意度、品牌忠诚三者之间存在循环互动的影响关系，这种影响包含了三个阶段，前一个阶段的结果影响着下一个阶段的正常运行

资料来源：作者依据访谈资料结合文档资料分析所得。

依据分析结果，本书用因果状态图呈现如家酒店品牌忠诚的各维度形成次序，如图5.4所示。

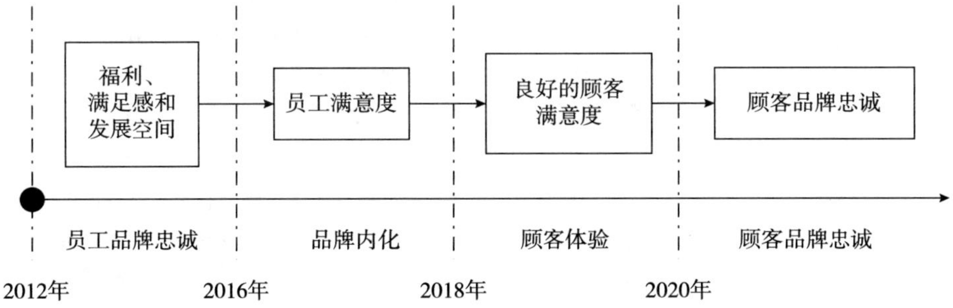

图 5.4 如家品牌忠诚的形成因果状态图

资料来源：作者编制。

酒店员工满意度与顾客满意度之间存在循环互动的影响关系。我们可以将其分为三个阶段：第一阶段是员工满意度对酒店服务质量的影响阶段；第二阶段是酒店服务质量对顾客满意度的影响阶段；第三阶段是酒店顾客满意度通过酒店利润的实现对员工满意度的反馈影响阶段。这三个阶段循环往复，使酒店在实现员工满意、顾客满意的基础上，最终实现酒店的预期利润，并进一步保障下一阶段酒店员工满意度与顾客满意度的实现。

5.2.2 浙商银行的质性资料分析

（1）表层性语域分析。分析结果如表 5.10 所示。

表 5.10 浙商银行访谈资料表层性语域分析

年份	分析结果	表层性语域分析
2013	通过学习型组织业务培训提升员工素质	按照现代商业银行的要素，商业银行员工的要求是高素质、复合型的专业人才。顾客收益价值提高的实现者是商业银行的员工。可以通过多种方式提高员工的素质，如建立学习型的组织、业务培训等
2017	品牌内化与顾客体验的互动影响	消费体验对客户满意度也会产生很大的影响，好的消费体验将会直接导致客户的满意，并可能由此产生品牌偏好，进而影响客户忠诚，主要表现为服务态度、办公效率、内外部环境等因素。对消费者的情感投入也是一个能够影响客户满意度，进而影响客户忠诚的重要因素。主要包括商业道德、投诉处理结果公平时效等因素，如果商业银行能够与客户建立深厚的情感，则客户自然会对该行产品产生好感，进而发生重复购买和义务宣传等行为，促进忠诚的形成
2018	顾客体验的中介作用	在分行自助服务信息台、移动设备和联络中心等接触点提供诱人的个性化体验，在体验中进行客户满意的服务调查和客户消费心理分析，使银行的视听、行为、服务、产品都能得到客户的认可，增加客户感情投入，同时要及时进行体验创新

续表

年份	分析结果	表层性语域分析
2020	顾客满意度对品牌忠诚的反馈影响	积极引进新的营销思想，并从影响客户忠诚的因素出发，创建“为销售提供服务”的文化，为一线员工提供完整的客户视图和预测性的客户洞察信息，调查客户现实和潜在的要求，分析客户购买金融产品和服务的水平、行为、动机、能力，研究他们的消费习惯、偏好和新动向，以便每个互动点都能运用精准的交叉销售和向上销售战术，从而提高产品和服务的个性化水平和咨询服务能力，降低资费水平，提高销售和服务人员的工作效率

资料来源：作者依据访谈资料结合文档资料分析所得。

（2）功能性修辞分析及脉络图。分析结果如表 5.11 所示。

表 5.11　浙商银行访谈资料功能性修辞分析

年份	分析结果	功能性修辞分析
2013	员工激励	在保证公平的前提下，针对临柜人员、理财经理、管理人员等不同的员工实行不同的激励政策，建立有效的激励制度使员工建立和企业目标一致的行为方式和价值观，保持员工队伍的稳定性和忠诚感，从而向客户提供更为满意和优质的服务
2017	良好的品牌体验是员工忠诚的体现	个体顾客在获得顾客价值的过程中，获得的满意程度可以分为低层次服务和高层次服务。低层次服务包括商业银行的服务态度等，它可以满足顾客的基本预期，可以消除它们的不满意，但还不能达到满意的效果；高层次服务形成的满意度可能获得满意的效果，并可以稳定顾客的忠诚度。低层次服务只是顾客满意的基础，如果商业银行缺少能够创造价值服务产品的高层次服务，其低层次服务态度再好也会使顾客满意度的整体性失去平衡，导致顾客的忠诚度下降

续表

年份	分析结果	功能性修辞分析
2018	品牌体验的中介作用	“咖啡银行”与传统的银行网点环境大为不同，将咖啡厅的模式融入银行经营网点，打造全新的咖啡银行模式，客户来银行办理业务，仿佛置身于咖啡厅，将感受到咖啡厅的舒适、休闲、轻松的环境和氛围，既能感受到与传统银行不一样的体验，同时可以享受银行的专业金融服务。 在个人金融区的电脑上，客户用手指轻触屏幕即可浏览针对个人业务的各种资讯，可为个人客户提供财务分析、财务规划、投资顾问、资产管理等专业化服务活动。除提供一般性信息咨询外，还可利用储蓄、融资、保险、证券、基金、债券等各种理财工具，提出合适的理财方案，指导客户合理安排收入和支出，通过制定个人资产的最佳配置，实现财产增值
2020	品牌忠诚的形成	客户满意和客户信任是两个层面的问题。如果说客户满意是一种价值判断的话，客户信任则是客户满意的行为化。产品或服务的感知价值是客户信任的前提，同时客户信任也构成了客户选择商业银行产品的重要依据。另外，客户对产品和服务的信任很大程度上取决于商业银行信誉，一个信誉极差的商业银行是不可能赢得消费者信任的，只有商业银行拥有良好的信誉，才能促使消费者尝试购买其产品，进而发生重购行为

资料来源：作者依据访谈资料结合文档资料分析所得。

依据分析结果，本书进行资料展示并形成浙商银行品牌忠诚过程的脉络图，如图 5.5 所示。

（3）语篇互动分析及因果状态图。分析结果如表 5.12 所示。

依据分析结果，本书用因果状态图呈现浙商银行品牌忠诚的各维度形成次序如图 5.6 所示。

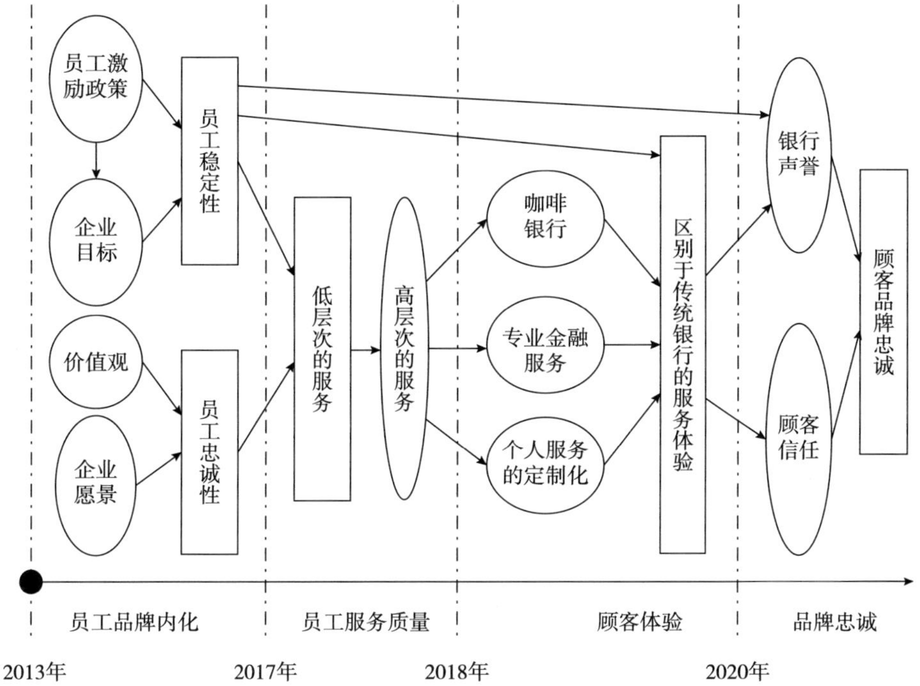

图 5.5　浙商银行品牌忠诚形成过程脉络图

资料来源：作者编制。

表 5.12　浙商银行访谈资料语篇互动分析

年份	分析结果	语篇互动分析
2013	员工品牌内化	企业环境因素（管理因素和人际因素）、员工的顾客导向意识均需要通过员工的感知系统和心理活动发生效用
2017	员工满意与顾客体验	顾客价值的满足和商业银行产品的价值提升是互为依存的。当产品价值能够满足顾客收益价值提高时，这种互动关系是相互促进的，当产品价值不能满足顾客收益价值时，顾客的忠诚度将会降低
2018	品牌体验的中介作用	员工品牌忠诚—顾客良好的品牌体验—顾客品牌忠诚

续表

年份	分析结果	语篇互动分析
2020	品牌忠诚的形成	员工满意度—顾客满意度—品牌忠诚三者之间存在循环互动的影响关系，这种影响包含了三个阶段，上一个阶段的结果影响着下一个阶段的正常运行

资料来源：作者依据访谈资料结合文档资料分析所得。

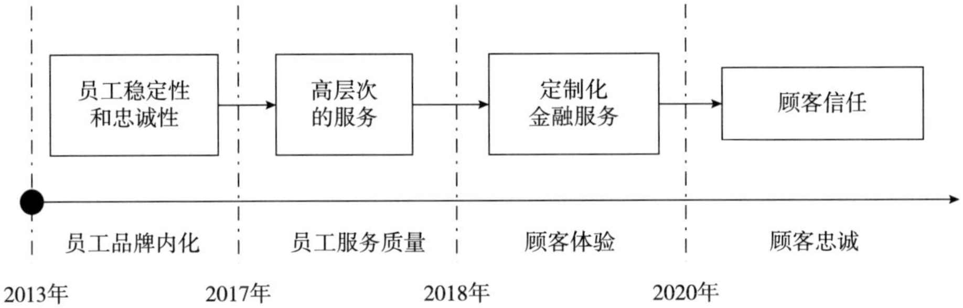

图 5.6　浙商银行品牌忠诚的形成因果状态图

资料来源：作者编制。

浙商银行满意度与顾客满意度之间存在循环互动的影响关系。我们可以将其分为三个阶段：第一阶段是员工满意度对银行服务质量的影响阶段；第二阶段是银行服务质量对顾客满意度的影响阶段；第三阶段是银行顾客满意度通过银行利润的实现对员工满意度的反馈影响阶段。三个阶段循环往复，使银行在实现员工满意、顾客满意的基础上，最终实现银行的预期利润，并进一步保障下一阶段银行员工满意度与顾客满意度的实现。

5.2.3　海底捞的质性资料分析

（1）表层性语域分析。分析结果如表 5.13 所示。

表 5.13 海底捞访谈资料表层性语域分析

年份	分析结果	表层性语域分析
2012	“激励”与“关怀”双模式	海底捞提出一个新的管理模式，即“员工激励+顾客关怀”模式，从而实现员工满意与顾客愉悦的双赢局面，为企业带来更多的盈利。“员工激励+顾客关怀”模式充分地调动了员工的积极性，并且使员工发自内心地像对待家人一样关怀每一位顾客，在员工的热情以及一系列的顾客关怀下，让顾客有一种宾至如家的感觉，缓解顾客等待过程中的焦虑
2017	感知服务质量与顾客满意的互动影响	海底捞始终秉持为顾客带来“纯正四川体验”的理念，在菜品方面大胆革新，融合各菜系的优点，发展出自己独特浓郁、细腻、精致、典雅的火锅风格。 与此同时，海底捞对于用餐环境的设计更是海纳百川，力邀国际顶级大师合力协作，将各地精致元素融入餐厅的设计之中，给大家描绘了一幅幅生动的特色印象。置身其中，伴随经典歌曲在耳边缭绕，食客们可以品味到纯正的四川味道，感受精致、细腻、周到的服务，开放现代的都会气息在此蔓延开来
2018	顾客体验的中介作用	在菜品方面大胆革新，融合各菜系的优点，发展出自己独特、浓郁、细腻、精致、典雅的火锅风格。让消费者在品尝四川火锅的同时，体验美食背后蕴藏的文化。“海底捞”品牌经过多年的用心经营，已成为“高品质”餐饮的象征
2020	顾客满意度对品牌忠诚的反馈影响	截至 2020 年，海底捞在全球开设 935 家直营餐厅，包括 3 家智慧餐厅，其中 868 家位于中国大陆的 164 个城市，67 家位于港澳台地区及海外。机械臂和中央厨房自动上菜房也在试用和推广中。智慧配锅机和传菜机器人已达 1000 台、后厨清洗设备已铺设 500 家门店。海底捞一开张，即引发餐消费者排队风潮

资料来源：作者依据访谈资料结合文档资料分析所得。

（2）功能性修辞分析及脉络图。分析结果如表 5.14 所示。

表 5.14 海底捞访谈资料功能性修辞分析

年份	分析结果	功能性修辞分析
2012	创业文化+ 赋能人才	内部“创业”文化建设，建立各项创业机制，用更灵活的公司组织结构“赋能”人才，充分激发员工潜能。整合公司及产业链战略性资源，进一步聚焦在更轻型、更具技术/平台优势、高附加值的产品和品牌上，巩固公司在“餐饮行业+互联网”时代下的核心竞争优势
2017	良好的品牌体验是 员工忠诚的体现	在标准化的基础上，推动门店基层人员的技能、技术提升，并与其切身利益挂钩，增加客户满意度
2018	品牌体验的 中介作用	海底捞直营以及智慧餐厅吸引了普通民众也能享受平价的高品质美食。一流的料理人，一流的技术，做出来的食物不仅美味，更给人以期待。 海底捞每道菜的设计，不但色、香、味俱全，而且更像艺术品，让人眼前为之一亮。“每一位海底捞的厨师都是一位艺术家，对于同样精致的厨房，他们就是主角，在美食的舞台上为客人创造幸福。”
2020	品牌忠诚的 形成	中国餐饮行业经过疫情期间的低迷正逐步走出低谷，作为中国最大的餐饮集团之一，海底捞始终保持积极进取的姿态，2020年海底捞启动全新战略布局，聚焦两项服务：第一，优势餐饮品牌资源的经营服务（国际一线品牌、餐饮稀缺资源、单品/爆品）；第二，行业互联网信息化发展服务（餐饮信息技术、智能硬件、平台服务），构建一个中国餐饮行业发展底盘，致力于实现向行业性品牌投资经营集团的转型

资料来源：作者依据访谈资料结合文档资料分析所得。

依据分析结果，本书进行资料展示并形成海底捞品牌忠诚过程的脉络图，如图 5.7 所示。

（3）语篇互动分析及因果状态图。分析结果如表 5.15 所示。

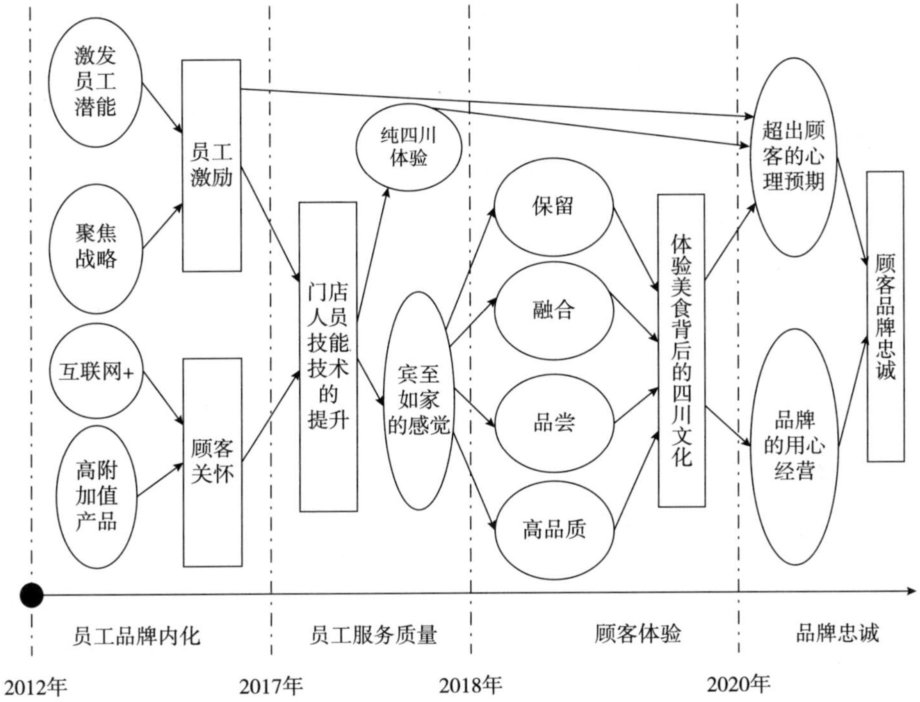

图 5.7　海底捞品牌忠诚形成过程脉络图

资料来源：作者编制。

表 5.15　海底捞访谈资料语篇互动分析

年份	分析结果	语篇互动分析
2012	员工品牌内化	海底捞在提供服务时的态度和效率等直接影响顾客对整个服务质量的总体评价
2017	员工满意与顾客体验	顾客通过感知饭店提供产品和服务的质量与自己的心理预期进行比较，通过对比形成对酒店服务的总体评价，从而影响他们的行为
2018	品牌体验的中介作用	员工品牌忠诚—顾客良好的品牌体验—顾客品牌忠诚

续表

年份	分析结果	语篇互动分析
2020	品牌忠诚的形成	员工满意度—顾客满意度—品牌忠诚三者之间存在循环互动的影响关系，这种影响包含了三个阶段，前一个阶段的结果影响着下一个阶段的正常运行

资料来源：作者依据访谈资料结合文档资料分析所得。

依据分析结果，本书用因果状态图呈现海底捞品牌忠诚的各维度形成次序，如图 5.8 所示。

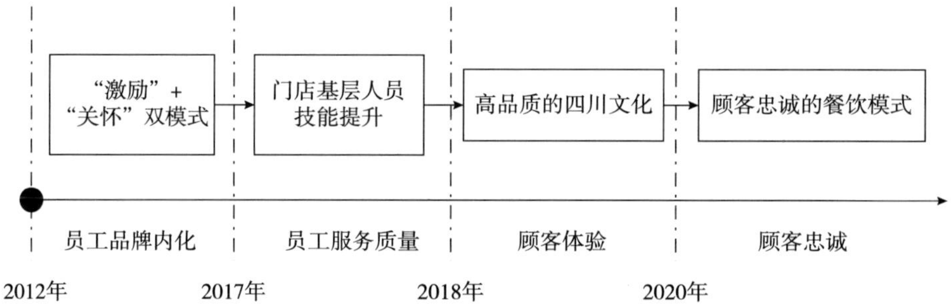

图 5.8　海底捞品牌忠诚的形成因果状态图

资料来源：作者编制。

海底捞员工满意度与顾客满意度之间存在循环互动的影响关系。我们可以将其分为三个阶段：第一阶段是员工满意度对海底捞服务质量的影响阶段；第二阶段是海底捞服务质量对顾客满意度的影响阶段；第三阶段是海底捞顾客满意度通过饭店利润的实现对员工满意度的反馈影响阶段。三个阶段循环往复，使饭店在实现员工满意、顾客满意的基础上，最终实现饭店的预期利润，并进一步保障下一阶段饭店员工满意度与顾客满意度的实现。

5.2.4　华为的质性资料分析

（1）表层性语域分析。分析结果如表 5.16 所示。

表 5.16 华为访谈资料表层性语域分析

年份	分析结果	表层性语域分析
2013	多种方式提升员工素质	作为一个以创新为核心能力的智能制造企业，华为对员工的素质要求是高素质、复合型的专业人才。销售员工作为直接与顾客接触的人，有责任和义务将品牌文化传递给顾客，树立企业良好形象。华为通过多种方式提高员工的素质，对新员工实行“721”法则，即 70%实践+20%导师+10%课堂学习
2016	积极进行体验营销	行为体验对顾客忠诚度影响最大，华为的体验营销对顾客忠诚度影响显著。其中，感官体验、情感体验、行为体验三个维度分别与顾客忠诚度之间呈显著正相关。并且，行为体验对顾客忠诚度的影响最大，其次是情感体验，再次是感官体验。华为应在全国各地设立实体体验店，增加顾客的体验感，减少购买顾虑
2018	顾客体验的中介作用	关系信任在体验营销和顾客忠诚度之间发挥中介作用。华为花粉俱乐部成立于 2012 年，是华为官方唯一的粉丝交流互动平台，华为将这一交流平台全权交由粉丝经营，有效地对“花粉”群体进行聚集、沟通和运营。它的宗旨是为“花粉”们第一时间呈现华为和荣耀最新的产品和服务资讯，建立华为和粉丝、粉丝和粉丝之间的沟通和互动，并通过组织丰富的线上内容和线下互动活动提升和延伸华为的产品和服务体验。目前俱乐部注册“花粉”已经突破 2000 万
2020	顾客满意度对品牌忠诚的反馈影响	华为设立了完善的顾客档案，始终以客户的需求为出发点和落脚点，为客户提供了“宾至如归的服务”，使客户能够有良好的体验，这在一定程度上为华为的成功奠定了基础。任何企业都要重视自己客户关系的建立与维护，为客户提供针对性服务，增加企业与客户沟通的频率，尽最大努力培养忠诚的客户，更好地促进企业发展。 QuestMobile 研究院发布了《QuestMobile 中国移动互联网 2020 半年大报告》，报告中有一项叫作国内各智能手机品牌的用户忠诚度，大数据显示国内安卓阵营用户的忠诚度越来越高，在各品牌用户忠诚度方面华为排名第一

资料来源：作者依据访谈资料结合文档资料分析所得。

（2）功能性修辞分析及脉络图。分析结果如表 5.17 所示。

表 5.17　华为访谈资料功能性修辞分析

年份	分析结果	功能性修辞分析
2013	影响员工品牌态度、塑造品牌行为	华为视员工为品牌内化的对象，强调企业自身如何影响员工品牌态度、塑造其与组织品牌相一致的工作行为。华为进行品牌内化工作的重点也主要是让员工理解和认同组织品牌，如推进华为内部员工的品牌内部沟通，向员工提供有关品牌知识的教育培训活动和对员工品牌行为进行奖励等
2016	良好的品牌体验是员工忠诚的体现	华为重视员工对品牌的认知，通过让员工熟悉企业 LOGO 来增强认知，在一次活动中，把企业 LOGO 裁剪下来，让大家分组拼，看谁拼得快，以此增强员工对 LOGO 的熟悉和认同感，同时也加深了员工对隐含的组织文化的理解，如使命、远景、价值观和战略等
2018	品牌体验的中介作用	华为积极推广和加强体验营销的运用，作为培训销售员工的重点内容，要求着重加强华为授权体验店的全方位行为体验、重视顾客的情感体验、不可忽视优化环境的全方位感官体验。致力于提高顾客关系信任来驱动顾客忠诚，努力提高服务声誉，促使顾客对企业形象的认同，培育顾客对华为的长期可靠性感知
2020	品牌忠诚的形成	电子产品消费顾客群体忠诚驱动主要表现为两种：一是加强顾客创造体验价值的顾客体验，从而提高关系质量；二是提升顾客创造情感归属的关系信任，进一步增强企业行为的可靠性、维护品牌形象和企业声誉、构造良好的关系氛围。通过营销实践，华为以这两个因素为出发点，统筹制定并实施让顾客满意、让企业盈利的驱动策略，从而达到维护顾客长期忠诚度的目的

资料来源：作者依据访谈资料结合文档资料分析所得。

依据分析结果，本书进行资料展示并形成华为品牌忠诚过程的脉络图，如图 5.9 所示。

（3）语篇互动分析及因果状态图。分析结果如表 5.18 所示。

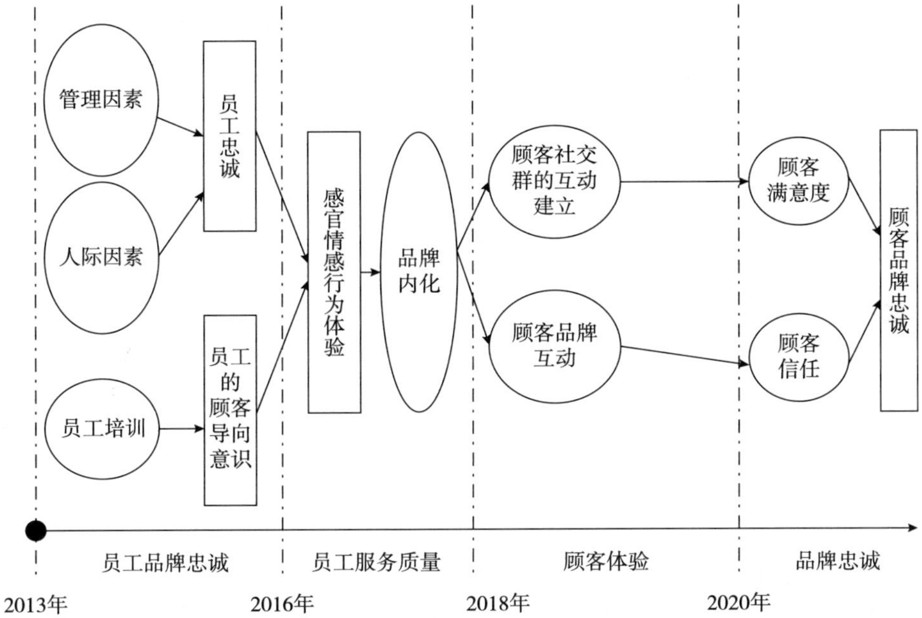

图 5.9　华为品牌忠诚形成过程脉络图

资料来源：作者编制。

表 5.18　华为访谈资料语篇互动分析

年份	分析结果	语篇互动分析
2013	员工品牌内化	企业环境因素（管理因素和人际因素）、员工的顾客导向意识均需要通过员工的感知系统和心理活动发生效用
2016	员工满意与顾客体验	顾客价值的满足和企业产品的价值提升是互为依存的。当产品价值能够满足顾客收益价值提高时，这种互动关系是相互促进的；当产品价值不能满足顾客收益价值时，顾客的忠诚度将会降低
2018	品牌体验的中介作用	员工品牌忠诚—顾客良好的品牌体验—顾客品牌忠诚
2020	品牌忠诚的形成	员工满意度—顾客满意度—品牌忠诚三者之间存在循环互动的影响关系，这种影响包含了三个阶段，前一个阶段的结果影响着下一个阶段的正常运行

资料来源：作者依据访谈资料结合文档资料分析所得。

依据分析结果，本书用因果状态图呈现华为品牌忠诚的各维度形成次序，如图 5. 10 所示。

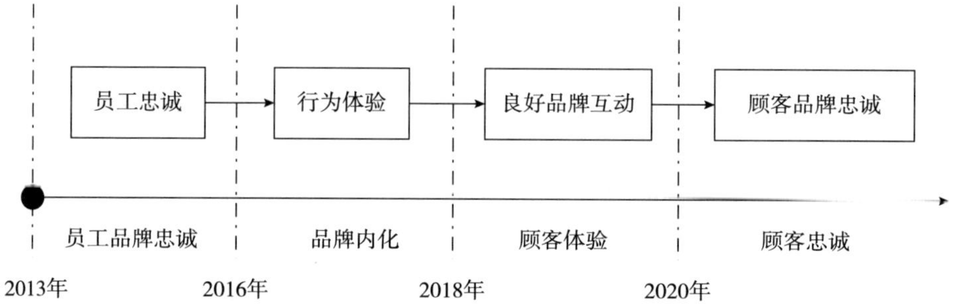

图 5. 10　华为品牌忠诚的形成因果状态图

资料来源：作者编制。

华为满意度与顾客满意度之间存在循环互动的影响关系。我们可以将其分为三个阶段：第一阶段是员工满意度对服务质量的影响阶段；第二阶段是服务质量对顾客满意度的影响阶段；第三阶段是通过利润的实现对员工满意度的反馈影响阶段。三个阶段循环往复，使在实现员工满意、顾客满意的基础上，最终实现预期利润，并进一步保障下一阶段员工满意度与顾客满意度的实现。

5. 2. 5　拼多多的质性资料分析

（1）表层性语域分析。分析结果如表 5. 19 所示。

表 5. 19　拼多多访谈资料表层性语域分析

年份	分析结果	表层性语域分析
2015	为员工规划完善的职业道路	像拼多多这类服务型企业，员工的内化程度越高，其提供的服务相对就会更好，形成的效果也较好，客户的满意度也较高，从而积极影响客户的态度和行为意图。 拼多多通过各种改善活动、各种研修、技能竞赛、严密的晋升机制等来为员工规划完善的职业道路，员工进入企业后自然知道自己的职级和发展方向，在此过程中提高了员工对企业文化的理解和践行

续表

年份	分析结果	表层性语域分析
2017	品牌内化与顾客体验的互动影响	伴随新冠肺炎疫情期间中国居民消费习惯的转变、冷链配送技术的更新迭代，拼多多完全放弃线下引流，通过压缩地租成本，追平纯线上获取客户的高额成本。 作为电商企业，拼多多通过多多买菜开发出了一个新的增长点，而且多多买菜通过将客户发展成为团长，进行现金政策扶持以及开团前的实战培训、指定一对一的帮扶计划，扩大了员工范围，在新情境下形成新型顾客群，大大增强了拼多多的用户黏性、培养用户心智，从而反哺电商业务。 员工的积极态度和行为将通过服务交互来影响客户对产品品牌的看法、情感和行为反应，在过程和结果两个方面影响客户满意度和客户消费体验
2019	顾客体验的中介作用	拼多多不断完善客户体验，从多方面如品牌形象、产品、服务以及用户付出的金钱成本，时间成本等为客户提供体验。在这贯穿售前、售中、售后的长链体验中，客户体验无疑十分重要
2020	顾客满意度对品牌忠诚的反馈影响	拼多多对忠诚的客户进行奖励，让客户感受到忠诚所带来的好处，使客户自愿对企业忠诚。增强客户的信任与情感，树立“客户就是上帝的观念”，为客户提供值得信赖的信息，加强与客户的联系，超越客户的期待。拼多多始终以客户的需求为出发点和落脚点，为客户提供了无微不至的服务，使客户能够有良好的体验，这在一定程度上为成功奠定了基础。为此，任何企业都要重视自己客户关系的建立与维护，按照客户不同的价值为客户提供差别的服务，增加企业与客户沟通的频率，尽最大努力培养忠诚的客户，更好地促进企业发展

资料来源：作者依据访谈资料结合文档资料分析所得。

（2）功能性修辞分析及脉络图。分析结果如表 5. 20 所示。

依据分析结果，本书进行资料展示并形成拼多多品牌忠诚过程的脉络图，如图 5. 11 所示。

表 5.20　拼多多访谈资料功能性修辞分析

年份	分析结果	功能性修辞分析
2015	员工激励	员工品牌内化强调整体系统的变革，除了针对员工的品牌沟通、培训等具体性活动，还包括组织文化的转变、管理系统的调整等内容。通过表彰、勋章和通过积分排名自动建立的员工标杆，企业想要倡导的行为在真实工作场景中不断被强化，成为员工普遍认同的价值追求
2017	良好的品牌体验是员工忠诚的体现	员工在接受企业的相关培训和企业文化熏陶后，理解并认同企业愿景中的品牌形象，并将该品牌形象传递给顾客和企业其他利益相关者。员工品牌化强调的是员工与公司品牌形象的一致性，即员工是公司的品牌大使
2019	品牌体验的中介作用	在拼多多这种服务消费情境中，员工品牌对消费者的友好与热忱，可以满足消费者的享乐性需求，因此能够达到消费者满足自我的目的。 员工品牌所具有的专业能力，可以满足消费者的功能性需求，从而达到消费者实现自我的目的；员工品牌对消费者的诚信和负责任，可以满足消费者的象征性需求，最终能够达到消费者丰富自我的目的。当企业品牌提供这三种资源并实现与消费者自我概念相联结时，消费者就会达到顾客进行品牌体验、建立品牌忠诚的效果
2020	品牌忠诚的形成	品牌忠诚是理解消费者—品牌关系最便捷的入口。企业文化通过员工忠诚—品牌体验—品牌忠诚这一路径传达到消费者群体，从而达到客户满意及信任的最终目的。消费者与企业品牌的依恋关系对公司品牌忠诚呈显著的正向影响

资料来源：作者依据访谈资料结合文档资料分析所得。

（3）语篇互动分析及因果状态图。分析结果如表 5.21 所示。

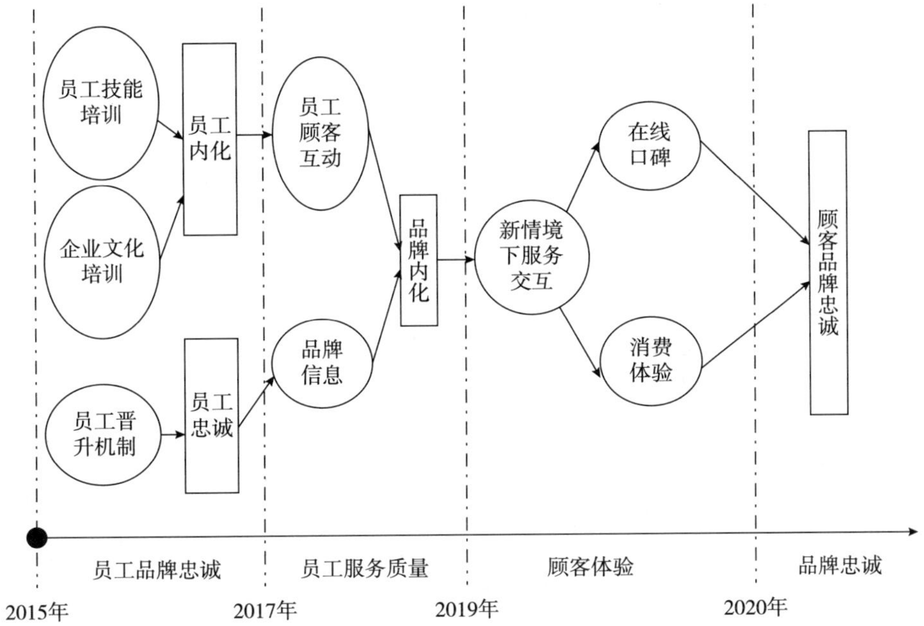

图 5.11 拼多多品牌忠诚形成过程脉络图

资料来源：作者编制。

表 5.21 拼多多访谈资料语篇互动分析

年份	分析结果	语篇互动分析
2015	员工品牌内化	员工品牌沟通、培训—建立员工标杆—建立员工普遍认同的价值追求
2017	员工满意与顾客体验	员工充当公司的品牌形象大使，将企业愿景、品牌形象传递给消费者
2019	品牌体验的中介作用	探索新的服务形式（多多买菜）—顾客获得价格的优惠、拼团的乐趣等良好体验—形成对日常用品、家庭用品等的品牌忠诚
2020	品牌忠诚的形成	增强客户信任与情感—为客户提供良好的体验—尽最大努力培养忠诚客户

资料来源：作者依据访谈资料结合文档资料分析所得。

依据分析结果，本书用因果状态图呈现拼多多品牌忠诚的各维度形成次序，如图 5.12 所示。

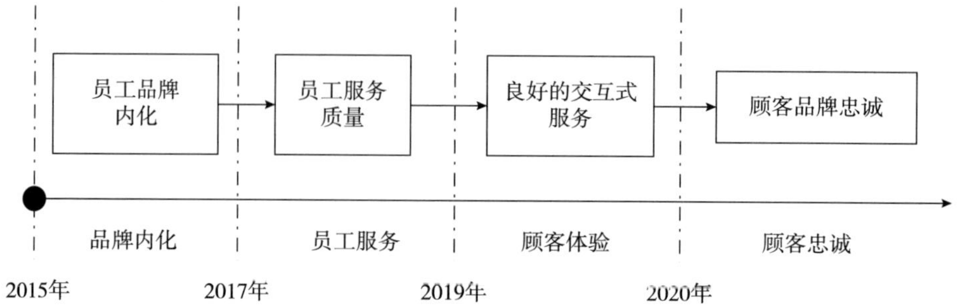

图 5.12　拼多多品牌忠诚的形成因果状态图

资料来源：作者编制。

拼多多满意度与顾客满意度之间存在循环互动的影响关系。我们可以将其分为三个阶段：第一阶段是员工满意度对拼多多服务质量的影响阶段；第二阶段是服务质量对顾客满意度的影响阶段；第三阶段是顾客满意度通过利润的实现对员工满意度的反馈影响阶段。三个阶段循环往复，拼多多在实现员工满意、顾客满意的基础上，最终实现预期利润，并进一步保障下一阶段员工满意度与顾客满意度的实现。

5.3　跨案例复制性检验

5.3.1　跨案例分析

大部分学者以研究对象的数量进行分类，将研究分为单案例研究和多案例研究（Yin，2003）。Yin（2003）认为单案例研究适用于以下几种情况：①对一个广为接受的理论进行批驳和检验，可用来对这些理论验证、判断或者进行扩展。②对某一极端案例或独一无二的案例进行分析。③研究有代表性的、典型的案例。④研究启示性案例。⑤进行纵向型案例研究：对两个或多个不同时间点的同一案例进行研究，探究该案例如何随着时间的变化而变化。

相对于单案例研究，在进行多案例研究时，要遵从复制法则（Replication Logic）而非抽样法则（Sampling Logic）。Yin（2003）建议将多案例研究看作多元实验（Multiple Experiments），通过某次实验取得某项重大发现后，学者将会重复进行第二次、第三次甚至更多次相同的实验对之进行验证、检验。有些重复实验可能要一模一样地复制前次实验的所有条件，来考察是否能得到同样的实验结果。只有通过了这种复制性实验（检验），原有的实验结果才能被认为是真实的、有说服力的，因而也才有继续进行研究和解释的价值。逐项复制（Literal Replication）一般进行 2~3 个案例，如果所有的案例都与事前提出的理论假设相符合，那么这几个案例很有说服力地证明最初提出的理论假设。采用复制法则进行多案例研究的过程，如图 5.13 所示。

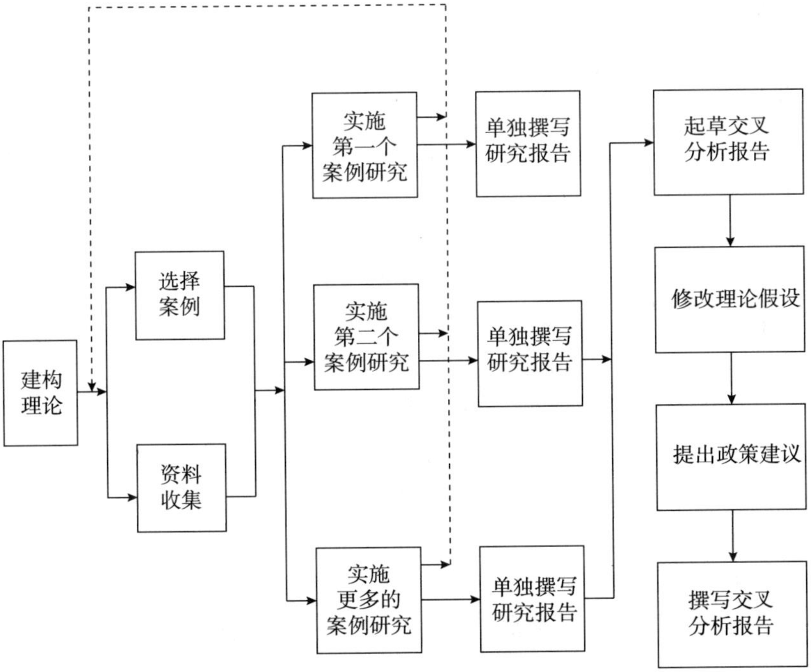

图 5.13 跨案例研究方法

资料来源：周海涛、李永贤、李虔（2010）。

多案例与单案例不同的是，前者以跨个案的分析，寻找共通性

(Generality) 为主，后者则是以个案的整合性 (Holism) 为主。本章的主要目的在于通过多案例的对比分析，挖掘品牌内化—品牌体验—品牌忠诚的作用机制，因而特别适合做纵向多案例研究。Ogawa 和 Malen (1991) 认为，通过多个案例建立理论的过程会提高单一案例的概括化程度。Yin (2003) 提倡复制策略，他主张先用一个理论架构研究某一个案，然后再研究其他个案，看是否与前面的模式相符合。Ogawa 和 Malen (1991) 强调个案取向分析是把个案当作一个整体，去探究此个案内的结构、关联性、原因和结果，之后才去比较几个 (通常是少数的个案)，寻找潜藏的相似处以及不断出现的关联性，比较不同的结果，并开始提出更具普遍性的解释。

5.3.2 个案复制性检验分析

多案例研究在于寻找共通性 (Generality)，通过多案例的对比分析，挖掘品牌内化—顾客体验—品牌忠诚的作用机制。周海涛等 (2010) 认为，多个案例建立理论的过程可以提高单一案例的概括化程度，因为通过多个个案的比较分析，不仅可以确认该研究会在哪些特定条件下发生，还可以帮助我们建立起普适性更高的类目。因此，为验证本书概念模型的有效性，我们应该既保留个案的特殊性又进行多案例之间的比较与分析。王金红 (2007) 强调多个案例的比较分析首先应该是去探究个案内的结构、关联性、原因和结果，之后才去比较几个案例 (通常是少数的个案)，寻找潜藏的相似处以及不断出现的关联性，并提出更具普遍性的解释。Yin (2003) 认为多案例研究应该是一种综合性的诠释，其最终目的是寻找个案之间的共性或相同性，进而判断理论模型和相关命题是否具有普世性和规律性。因此，进行个案的复制性检验是非常有用的，它可以比较出两个或更多阶段个案中的同一变量的相关度。下面本书将对五个案例的复制性进行验证，表 5.22 是具体步骤及检验结果。

表 5.22 个案复制性检验具体步骤及检验结果

	品牌内化	员工服务质量	品牌体验	品牌忠诚
如家酒店	以福利、满足感和发展空间获得员工情感和品牌上的忠诚	实现了“员工第一”，酒店的服务质量就能得到保障，从而为酒店创造更高的利润，更好地实现“宾客至上”	如家家运会、生日送惊喜、积分商城对接京东及合作旅游平台的搭建等都提供给顾客直接、优质的品牌体验	如家获得中国最受欢迎中高端商务酒店品牌大奖
浙商银行	建立有效的激励制度，使员工养成和企业目标一致的行为方式和价值观	运用大数据研究客户的消费习惯、偏好和新动向，从而提高产品和服务的个性化水平，降低资费水平，提高销售和服务人员的工作效率	一站式理财、投资、增信服务；个人金融区的定制化服务	把金融活动融合到客户的经营和生活中，形成快速适应客户需求变化的竞争能力
海底捞	以“员工激励+顾客关怀”的模式，提升员工技能，激发员工潜能	为顾客提供休闲摩登的就餐环境和体验，在火锅中加入独特的文化特征	“美食与文化”的完美结合带来了顾客满意度及品牌价值的提升	强大的品牌效应使海底捞的主品牌迅速发展并展开了多种经营及多品牌的合作
华为	向员工提供有关品牌知识的教育培训活动和对员工品牌行为进行奖励等品牌内化措施	成立花粉俱乐部，建立华为和粉丝、粉丝和粉丝之间的沟通和互动，研究顾客的消费动向，组织丰富的线上内容和线下互动活动提升，延伸华为的产品和服务体验	推广和加强体验营销的运用，着重加强华为授权体验店的全方位行为体验、重视顾客的情感体验、优化环境的全方位感官体验	提升顾客创造情感归属的关系信任，进一步增强企业行为的可靠性、维护品牌形象，使华为成为安卓手机中忠诚度最高的品牌

续表

	品牌内化	员工服务质量	品牌体验	品牌忠诚
拼多多	通过各种改善活动、研修、技能竞赛、严密的晋升机制等来为员工规划完善的职业道路，提高员工对企业文化的理解和践行	新情境下配合顾客消费习惯改变以及技术更新，开拓了一条新的顾客沟通渠道，为顾客提供线上链式服务	提供贯穿售前、售中、售后的长链体验中客户服务，提升顾客消费体验	对忠诚的客户进行奖励，让客户感受到忠诚所带来的好处，使客户自愿对企业忠诚，树立“客户就是上帝的观念”
五个案例的共性	通过有效的员工激励，提升员工的稳定性与忠诚性，形成与企业一致的愿景与价值观，实现品牌内化	通过品牌内化，员工为顾客提供更为满意和优质的服务，形成良好的品牌声誉和形象	通过一系列较高层次的服务如定制化、差异化、“互联网+”等形式形成了良好的顾客体验和体验价值	通过品牌选择偏好和持续购买行为，形成品牌忠诚

资料来源：作者编制。

（1）五家案例企业品牌忠诚形成过程的阶段性特征检验。本书将案例企业品牌忠诚形成过程的各个维度与品牌内化—顾客体验—品牌忠诚概念模型进行对比发现，虽然上述五家企业属于不同的行业，品牌构建本身也差别极大，但品牌忠诚的形成过程却有惊人的相似性，我们将对这些相同或相似的阶段性特征进行总结。依据表 5.22 的分析结果，可以清晰地判断五家企业品牌忠诚形成过程的可复制性：首先，企业运用内外部驱动因子提升员工的品牌传达意识并最终体现在员工的品牌价值传递行为上，实行品牌内化，比如如家通过福利、满足感和发展空间实现员工品牌内化，浙商银行等通过激励制度帮助员工建立与企业一致的战略愿景和价值观等；员工服务质量的提升是品牌内化的外在表现形式，实现品牌内化有助于员工将品牌的质量和内涵更好地提供给消费者，比如，浙商银行服务人员工作效率的大大提升，海底捞为顾客提供休闲和摩登的就餐环境、减少顾客等待时的焦虑情绪等。其次，员工服务质量、服务水平的提升有助于顾客形成良好的品牌体验，比如如家的家运会、积分商城对接京东等活动，浙商银行的一站式理财、个人金融定制化服务，海底捞的“美食与文化”相结合的就餐理念等。最后，品牌体验水平及顾客满意度的不断增加形成了顾客的品牌忠诚，比如如家获得了中国最受欢迎中高端商务酒店品牌大奖；浙商银行在金融活动与客户生活融合领域形成了独特的竞争优势以及海底捞主品牌的授权经营、多品牌的合作等。

（2）五家案例企业因果状态的匹配性检验。验证了个案的相关性之后，本书试图比较各个案例组织忠诚的形成次序。由于因果网络图具有抽象性和推理性，可以把现场的资料整合起来以明确各维度的方向性及其中的顺序（Matthew & Michael，2008）。因此，本书采用的方法是依据每个个案的品牌忠诚构成维度形成的因果状态进行匹配性检验，通过五个个案因果状态的匹配程度来完成复制性检验。

由于模式代码本身表示的是概念之间的因果关联，本书将各个案例的品牌忠诚构成维度连接成线，然后比较这三条因果状态的匹配性：一是五个案例的品牌忠诚都是按照一定的年份顺次排列：首先，员工内化都形成于 2012~2015 年这个时间段内，如家酒店的品牌内化形成于 2012 年，浙商银行的品牌内化形成于 2013 年，海底捞的品牌内化形成于 2012 年，华为的品牌内化形成于 2013 年，拼多多的品牌内化形成于 2015 年；其次，员工内化后的服务传递都形成于 2016~2017 年这个时间段内，如家企业的员工服务传递形成于 2016 年，浙商银行的员工服务传递形成于 2017 年，海底捞的员工服务传递形成于 2017 年，华为的员工服务传递形成于 2016 年，拼多多的员工服务传递形成于 2017 年；再次，品牌体验都形成于 2018~2019 年这个时间段内，如家酒店的品牌体验形成于 2018 年，浙商银行的品牌体验形成于 2018 年，海底捞的品牌体验形成于 2018 年，华为的品牌体验形成于 2018 年，拼多多的品牌体验形成于 2019 年；最后，品牌忠诚都形成于 2020 年，其中如家酒店的品牌忠诚形成于 2020 年，浙商银行的品牌忠诚形成于 2020 年，海底捞的品牌忠诚形成于 2020 年，华为的品牌忠诚形成于 2020 年，拼多多的品牌忠诚形成于 2020 年。如家的品牌内化形成于 2012 年，品牌内化对品牌体验的积极影响形成于 2016 年，品牌体验形成于 2018 年，品牌忠诚形成于 2020 年，即如家的品牌忠诚是随着时间的变化逐渐形成的；浙商银行的品牌内化形成于 2013 年，品牌内化对品牌体验的积极影响形成于 2017 年，品牌体验形成于 2018 年，品牌忠诚形成于 2020 年，即浙商银行品牌忠诚是随着时间的变化逐渐形成的；海底捞的品牌内化形成于 2012 年，品牌内化对品牌忠诚的影响形成于 2017 年，品牌体验形成于 2018 年，品牌忠诚形成于 2020 年，即海底捞品牌忠诚是随着时间的变化逐渐形成的；华为的品牌内化形成 2013 年，品牌内化对品牌忠诚的影响形成于 2016 年，品牌体验形成于 2018 年，品牌忠诚形成于 2020 年，即华为品牌忠诚是随着时间的变化逐渐形成的；拼多多的品牌内化形成 2015 年，品牌内化对品牌忠诚的影响形成于 2017 年，品牌体验形成于 2019 年，品牌忠诚形成于 2020 年，即拼多多品牌忠诚是随着时间的变化逐渐形成的。二是五个个案中的因果状态都呈现逐渐上升的流向，都无回转、间断等现象发生。因此证实五个个案的因果状态具有很好的匹配性。至此，本书验证了品牌忠诚形成的整个过程。通过多案例分析，本书将对第三章所提出的命题进行验证。

5.4 相关命题支持情况分析

以上述分析为基础，我们可以整理出五个案例分析对第 3 章提出命题的支持状况，具体结果如表 5.23 所示。

表 5.23 五个案例对研究命题的支持情况

命题	如家	浙商银行	海底捞	华为	拼多多
命题 1	强烈支持	强烈支持	强烈支持	强烈支持	强烈支持
命题 2a	强烈支持	强烈支持	强烈支持	强烈支持	强烈支持
命题 2b	强烈支持	强烈支持	强烈支持	强烈支持	强烈支持
命题 2c	强烈支持	强烈支持	强烈支持	强烈支持	强烈支持
命题 3a	强烈支持	强烈支持	强烈支持	强烈支持	强烈支持
命题 3b	强烈支持	强烈支持	强烈支持	强烈支持	强烈支持
命题 4	支持	支持	支持	支持	支持
命题 5	支持	支持	支持	支持	支持

5.5 本章小结

本章采用案例分析的方法对概念模式进行检验：首先，本章对所选取案例如家酒店、浙商银行、海底捞、华为和拼多多的代表性进行验证，通过数据统计证明这五家企业的典型性和代表性。其次，通过探索性访谈所获得的一手数据及网站、行业报告等所获得的二手数据，采用话语分析对这五家企业的资料进行话语分析，得到本书的初始概念；通过脉络图验证概念模式各维度的有效性；通过因果关系图探求各维度的作用机制。最后，通过跨案例复制性检验即个案的相关性和因果状态的匹配性对相关命题的支持情况进行验证。

6

服务企业品牌忠诚提升策略

对服务企业而言，品牌内化特征是由许多信息源驱动的，这些信息源既来源于企业内部又来源于企业外部。因此，既要重视企业内部的正式和非正式信息，又要注重二者的平衡性和一致性。品牌管理的内外部一体化创造了品牌识别与外部定位之间的联系，使员工与顾客能够形成一致的品牌认知和态度，培育和发展员工及顾客良好的品牌关系。因此，品牌传播的对象不仅包括顾客，而且包括员工，把员工作为品牌传播的第二受众，以员工品牌表现组成的传播内容，可以赢得顾客的品牌信任，也可以激励员工的品牌意愿，增进员工的品牌意识。

服务企业通过内部沟通，让员工了解服务品牌的内涵、特点，以及这些元素在品牌塑造中的作用，良好的沟通机制应该是双向的，员工应该能够通过一个便利的渠道反映他们对品牌建设的意见和建议。与品牌的外部传播一样，内部沟通的媒介有很多，可以通过面对面地交流、小组会议、公司全体会议、内部广播、内部报纸或期刊、内部网络、公司聚会、通告栏等。在品牌的内部沟通中，还可以对内部市场进行细分，并针对不同的内部顾客采用不同的沟通方式，如有形的展示、工作场所的环境风格以及内部宣传资料等，可以关注企业周围的许多沟通方式，以便更容易让员工接受。

企业进行品牌外部传播，其主要对象是顾客，但是面向员工的广告和其他形式的沟通也会增强员工的认同感和对品牌价值的内化。品牌的外部传播如果与内部沟通产生不一致，会降低员工对品牌的信任度，特别是面向顾客时，不同的品牌期望会造成员工与顾客的品牌认知冲突。因此，服务品牌的管理应通过营销传播，全面开展对内外部顾客和其他利益相关者的传播和沟通。只有在品牌的所有利益相关者达成一致的品牌认知和形成良好的品牌关系的基础上，服务型企业的品牌才可能塑造强势品牌。

因此，本章将探讨如何从服务企业内外两个方面提升员工品牌内化，进而提升品牌忠诚。

6.1 积极推进品牌信息在服务企业内部的传播

6.1.1 构建品牌内部识别系统

服务不仅对顾客是无形的，而且对员工来说也是无形的，品牌不仅是针对顾客提供心智图像和存在的原因，而且也为服务提供者了解服务内容提供了机会。品牌内化涉及向员工解释和推销品牌，与员工分享品牌的理念和价值主张，培训和强化与品牌宗旨一致的行为，因此品牌的内部识别特征与员工形成共鸣，强化员工与品牌的情感联系，品牌情感是品牌关系的最高阶段，这样才能实现真正意义上的员工品牌内化，使员工将自身的行为准则、价值取向与品牌的价值观和理念取得一致。品牌内部识别对于员工品牌认知是很重要的，只有员工对于品牌未来的发展前景和核心理念评价较高，其认同感才会显著增强。

品牌的内部识别是内部顾客—员工视角的品牌定位和认知到的品牌个性，其作用和影响可以用来指导某些普通的决策，如前台接待的形象、电话应答的方式等，品牌内部识别还可以用来减少或者消除那些与品牌不适宜的可能有损于品牌形象的行动或活动，品牌核心价值是一套属性和利益的抽象联系，对品牌定位起着基础性的作用。向员工解释品牌愿景、品牌定位，并形成一致的价值观，这样员工在接触顾客的过程中就给顾客展示了一个有特色的品牌。品牌营销活动的中心主要是针对客户的品牌定位和品牌识别。就战略和策略而言，恰当的品牌定位对于建立强势品牌意义重大。Giannina（2018）指出，企业应该构建品牌箴言来指导内部人员的品牌识别，品牌箴言的存在和联系可以让员工认识到品牌对服务型企业的重要性。品牌箴言不仅影响顾客的品牌认知，而且影响员工的品牌认知，利用箴言很容易让员工记住品牌要素并给予高度关注。管理者需要员工将品牌视觉化和言语化，这样员工才可以将品牌的内涵和意义传递给顾客。

6.1.2 改善管理者的领导风格

改善企业管理者的领导风格，充分考虑员工的品牌认知需求，对提高员工的积极性、自信心和角色认知的能力及角色认知的自主性具有重要作用。良好的领导方式能够激励、调动和鼓舞下属为维护品牌形象，为实现品牌价值付出更大的努力。同时，领导能够帮助下属为维护品牌形象，实现品牌价值付出更大的努力，提升品牌识别能力，强化品牌意识。因此，领导者的行为标准若能符合品牌价值，他们传递的品牌信息对员工的品牌认同感和归属感影响就较大。

领导者对员工品牌内化具有关键性的作用，影响员工如何感受品牌和相互沟通，以帮助员工建立共享的服务品牌和价值观。通过领导精心策划的品牌认知，情感和沟通方式，可以极大地提高员工品牌内化的程度，企业管理者需要依据品牌价值观行事，对员工起到榜样和效仿的作用，在塑造品牌发展的共同愿景中发挥作用。因此，领导者的思想、品格、学识、行为对员工的影响是巨大的。企业管理者一方面要塑造一个清晰的品牌愿景，另一方面要善于利用语言和非语言的社交互动模式，这有助于在员工中建立品牌的热情、认同和忠诚，最终对服务品牌的成功负起责任。

服务型企业管理者应该重视通过员工社会化过程来提高员工的品牌内化，而品牌内化是员工对品牌共享的价值观、信念和方式的社会化。员工的社会化过程是将员工的价值观、规范和信念保持一致的过程，包括建立新的信念，去除先前不一致的信念，因此员工品牌内化取决于经典条件反射的工具性学习。服务企业管理者应该重视员工进入组织的初期，提高他们对品牌的情感评价，管理者应该身体力行，为其成员树立榜样，从而提升员工对品牌的内化水平，增进员工的顾客导向行为，为顾客展现良好的品牌形象。

6.1.3 优化企业内部服务流程

很多企业积极探索顾客参与的途径，让顾客通过各种形式，参与企业活动的各个方面，增进对企业的了解。同时，还可以让顾客参与企业活动的各个方面，“使自己满足自己的需要”。例如，有的企业组织顾客参与产品的开发创意、设计、革新及使用领域的延伸。美国斯隆管理学院(2010)的一项调查结果表明：成功的民用新产品有60%~80%来自用户的建议或是采用了用户使用过程中提出的改进建议。让顾客参与产品价格的制定，以便找出“顾客愿意接受的价格”，以此作为企业产品定价和服务定价的重要依据，组织顾客参与企业承诺的确立过程，以保证承诺符合顾客的要求，从而提高员工的忠诚度。

另外，有一些企业提出如果能支持企业提供、传递优异的顾客价值，一些流程可以外包。一些通用的营销和组织战略可能会阻碍顾客价值的传递。例如，同一顾客轮换地接受不同员工的服务，这些做法可能会完成特定的组织目标，但可能会抑制价值传递的发展。企业应变革其服务设计以使其核心顾客的保留期延长，或将服务集中化以使顾客只需应付一个服务接触点。一些服务企业鼓励员工快速有效地应付顾客，并对此类行为进行奖励，这样可能有助于企业提高效率，但也可能损害顾客的忠诚度。这些企业需要考虑采取追踪记录顾客偏好数据、鼓励员工使用顾客姓名等有助于发展顾客品牌忠诚度的行为。

6.1.4 实现品牌的内部营销

品牌是企业行为的结果，即企业的所有经常活动对其品牌都存在潜在的影响。如果服务企业能够通过人力资源管理，比如培训和绩效管理，向员工传递品牌价值，将有助于提升员工对品牌的认同感。通过员工管理对符合品牌价值的行为进行奖励，就能激励员工再次进行该种行为。企业员工通常会自问“在这里工作，这家企业能够为我提供什么?”为了回答这个问题，员工一定要有内化企业的身份、使命、策略和价值观的动机，拥有与工作相关的人物、技能、发展、薪酬和环境，帮助他们拥有提供服务所需的工具和资源，进而提升员工的内部满意度。

培训、绩效考核和晋升制度等内部管理措施都有助于提升员工的内部满意度，增进员工品牌认同感，促使员工的个性和形象与企业品牌的个性和形象有机地结合起来，内部满意带来品牌忠诚，从而提升员工服务外部顾客的意愿。

6.2 增强顾客体验，塑造良好的品牌外部形象

6.2.1 品牌声誉可提高品牌经营的成功概率

由于品牌声誉的信息来源大多数来自企业外部，因此，服务企业应该通过品牌宣传与外部其他信息机构使品牌的评价保持一致。员工如果能够相信企业具有良好的品牌信誉，员工将会产生更大的品牌认同感，也有利于培育员工品牌忠诚。顾客及外界利益相关者的品牌评价和期望实际上会影响员工的顾客导向行为，因此服务企业有必要为顾客以及品牌的其他利益相关者塑造一个良好的品牌形象，以维护品牌声誉。

良好的品牌声誉有助于吸引并保留有能力的员工，从而创造竞争优势。员工总是希望自己在一家声名显赫的企业工作，当有人问起他在哪里工作时，他就不会羞于启齿。企业品牌在市场上越是有口碑、声誉，就越会有优越的人才愿意在这家企业工作，这也是员工表达自我概念和实现自我价值的一部分。员工通常把品牌作为衡量工作能力、信任度和工作前途的标准，并利用品牌建立职业信誉。当然，具有显赫声名的品牌能够较容易获得员工的认同，但勇于承担社会责任，创造社会效益的品牌，也会提升员工对顾客的情感联结。因此，对于那些品牌知名度还不够大，市场影响力还不够强的服务企业而言，需要坚持将维护品牌声誉、塑造良好的市场外部形象作为品牌内化的基础性工作，而且把它作为一项长期的品牌管理活动。

6.2.2 品牌社区是培育品牌体验的关键利器

品牌社区是一群消费者基于消费或对某一产品的兴趣而彼此之间存在的社会关系。品牌社区创造了物理或虚拟环境，人们可以在其中参与品牌或产品相关的活动。事实表明，参与品牌社区的人们通常对产品持有乐观态度，因为参与者有相似的情感价值观和认知。因此，企业可以利用这个

机会，创建一个社区，以建立品牌信任。国内外诸多个案（如华为花粉俱乐部、哈雷车主俱乐部、羽西宾客会、万科万客会及车友会等）表明，创建品牌社区对维系顾客关系和品牌忠诚起到关键性作用。由于消费者在与品牌互动中感知的关系利益能够引发他们的品牌忠诚，因此企业应当在设计品牌形象和品牌体验以及与消费者进行沟通和互动的过程中，注重关系利益的有效传递，真正令消费者在品牌关系互动过程中切实感受到品牌关系带来的各种心理上和情感上的利益，使消费者对企业品牌产生情感依恋、作出一定的承诺并不断购买该品牌。

企业可以通过品牌社区或品牌部落的建设和发展来增加消费者对社会利益的感知，增强他们对品牌社区的归属感，获取消费者对品牌的情感忠诚。企业的价值激活和忠诚维系已经从以产品、服务为核心转向以顾客品牌体验为核心，顾客购买中的互动参与、充满个性化的品牌体验已成为企业和消费者共创价值的源泉。新的变化要求企业重新定义和设计营销模式，它要求企业通过创造、提供和出售体验，让顾客在消费过程中有所感受，留下深刻印象，最终使其精神需求和社会价值得到最大满足。品牌体验对品牌社区的正向影响效应，以“共享体验”作用尤为突出，如关联体验和行动体验，这说明顾客加入品牌社区的重要动机在于获得双向（顾客与企业）甚至多向（顾客与企业、顾客与顾客、顾客与品牌）的互动、体验和共享价值。同时，企业还需要重视消费者的品牌敏感度。虽然品牌敏感度在很大程度上取决于消费者的内在个性特征以及品牌所属行业的特征，但企业仍然可以在塑造品牌形象和设计品牌体验的过程中突出品牌的差异性，并激发消费者的主动参与意愿，积极与消费者进行互动，提升消费者的品牌涉入度，进而提升消费者的品牌敏感度以获取更高的品牌忠诚。比如华为在 2012 年成立官方唯一的粉丝交流互动平台——花粉俱乐部，有效地对“花粉”群体进行聚集、沟通和运营。

6.2.3 细分顾客群体提升顾客黏性

企业要善于发现具有相似兴趣或同类需求的小群体顾客，如果此类顾客在全国普遍存在，那就会是一个巨大的市场。开发出为他们服务的产品，往往能成为“隐形冠军”。顾客难以抗拒的是企业提供的“价值”，而绝对不是什么虚无缥缈的故事与情怀。顾客的需求既是理性的又是感性的，保健型需求是理性需求，激励型需求是感性需求。

保健型需求是具体的、客观的、理性的需求，如果企业有一点疏漏顾客就会很不满意，即使以后做得再好也不会因此而非常满意。保健型需求作为基础需求，企业必须尽力满足，不能出差错，如果出差错就会错失顾客群体。比如自复工复产以来，商务人士的出行逐渐恢复，为新冠肺炎疫情后酒店的经济恢复贡献了相当一部分收益。考虑到商务出差这一特定群体和庞大的消费市场以及商务人士旅途中的需求，首旅如家推出极具人性化的定制商务差旅权益。恢复活力的旅游市场，也主要以亲子游为主。这一以家庭为单位的客群，消费潜力巨大，又最需要品质与贴心服务。对此，首旅如家特别推出适用于家庭度假的亲子特权，让携带儿童出游的家庭客群，在入住酒店时享受到方便、安心的带娃服务。

如果顾客的激励型需求没有得到满足，顾客虽然不会对企业产生不满意，但如果很好地满足了顾客的激励型需求，则能激发顾客的兴奋点，使顾客产生更大的满足感。好产品迎合顾客是中级营销，用全新服务改变顾客消费习惯则是高级营销。首旅如家重新梳理庞大的会员体系，将会员按需求和人群细分，再结合产品特色重新构架权益体系。细分后的会员群体将适配不同类型酒店产品，在获得更多会员价值的同时，也加速成长为首旅如家的忠诚用户。

6.3 构建基于顾客忠诚的品牌发展战略

顾客忠诚对品牌竞争力的正向影响及顾客价值对品牌竞争力影响中的作用，说明顾客忠诚在增强品牌竞争力方面是一个非常重要因素，培养并维护消费者的品牌忠诚是品牌具有强大竞争力的有效途径。在中国消费者品牌意识不断增强的背景下，消费者的顾客忠诚决定了品牌竞争力的强弱。因此，不仅要从行为忠诚方面加强引导，更重要的是要形成态度忠诚，从而使服务企业在激烈的市场竞争中获得持续的竞争优势。

6.3.1 顾客信任是品牌忠诚的重要认知基础

顾客信任是指顾客对某一企业、某一品牌的产品或服务认同和信赖，它是顾客满意不断强化的结果，与顾客满意倾向于感性感觉不同，顾客信任是顾客在理性分析基础上的肯定、认同和信赖。顾客对品牌的信任降低了顾客在选择品牌时的感知风险。它降低了风险和不确定性，特别是在客户感到脆弱的环境中。顾客信任为顾客创造了一种保证，并提供了有关产品的信息，进而影响购买行为，加速购买行为中的决策。本书从以下几个方面为服务企业建立顾客信任提出建议：

第一，增强顾客可信任性。可信任性是顾客对企业的宣传、内部人员的言行和产品服务有信心的一种表现。服务企业在对外宣传时，不可夸大，否则会激起顾客的高预期，一旦失信，顾客就会更失望，对服务企业的可信任性就越低，有时有意隐瞒一些功能和利益，意外惊喜更能增强顾客的可信任性。企业内部人员的言行，一是要诚实守信，二是不可一味强行推销。企业的产品或服务的功能、质量、内涵需要做到与宣传一致，甚至可以超越宣传，超越顾客的预期。

第二，强化顾客可依赖性。可依赖性是顾客对企业或产品的一种偏爱和依赖。可依赖性基于可信任性而产生，因此企业在做好增强顾客可信任性的同时，也要注意强化顾客可依赖性。比如企业提供购物的方便性，可使顾客形成一定程度的惯性依赖；另外，企业还可以通过高品质的产品和一流的服务，增强顾客在消费过程的满意度，以及提供及时的、反馈性较强的售后服务等，都可以促进顾客形成品牌偏爱，强化顾客的可依赖性，从而提升顾客品牌忠诚度。

第三，强化亲密性。亲密性是指顾客与企业之间关系的紧密程度。企业可从以下几个方面强化顾客亲密性：首先，要充分了解顾客，只有详细掌握目标顾客的各种信息，才能预测和把握顾客的需求特点，调整或设计新的符合其需求的个性化服务，让顾客回头，强化顾客亲密性；其次，提供情感服务，如建立顾客俱乐部、递送生日问候及礼物等，由此获得的顾客亲密度引起的利益增加要远高于其可能增加的经营成本；再次，提供“一站式”购物服务，使顾客以前需要通过多个地方或多个程序才能解决的需求问题，现在能集中处理，从而为顾客提供方便，拉近企业与顾客的心理距离，提升其与企业的亲密程度；最后，提供商品搜索服务，即当企业某一个营业点产品没有库存时，企业可通过内部网络，在全国范围的其他营业点帮助顾客寻找所需的产品。这种商品搜索服务一方面可以避免顾客到竞争对手那里进行搜索，另一方面也增强了顾客与本企业的亲密性。顾客亲密性增强，顾客品牌忠诚度自然会得到提升。

第四，降低自我意识。企业的“自我意识”是指企业拥有的诸如自私自利、自我敏感、自我迷恋等意识。一些企业“自我意识”很强，营销手段、经营决策下意识地“自私自利”，想方设法给顾客设置消费陷阱，攫取超额利润，收获的却是顾客的不满和抱怨，降低了顾客品牌忠诚度。如当前中国一些银行基于其强势地位，“自我意识”较强，“自私自利”地设立众多收费项目，引起广大储户的不满，大大削弱了顾客的品牌忠诚度。

第五，通过增强和维持现有客户群的信任来扩大客户群。研究表明，获取新客户的成本高于维持现有客户的成本。因此，企业通过发展与客户的信任来建立品牌关系是至关重要的。此外，社会群体可能会影响个人的购买决定。社会群体对消费者的决策有很强的影响。信息影响那些接受来自社会群体的信息，然后渴望做出受他人影响的知情决定的个人。个体倾向于观察他人的行为，然后主动搜索信息以适应社会群体。如果个体感知到的信息是可靠和值得信赖的，他们很可能会受到影响。因此，现有客户的价值表达可以影响潜在的客户，并且当今社会移动社交网络媒介的发展扩大了客户反馈所能到达的边界，企业应该抓住这个机会在增强现有客户群体稳固性的基础上，大力扩展客户群。

6.3.2 建立品牌忠诚的运作策略

在大众消费品领域，同类产品可供消费者选择的品牌一般都有十几个，乃至几十个。面对如此众多的商品和服务提供商，消费者是无法通过比较产品服务本身来作出准确判断的。这时，在消费者的购买决策过程中就出现了对产品的“感知风险”（即认为可能产生不良后果的心理风险）的影响。这种“感知风险”的大小取决于产品的价值高低，产品性能的不确定性以及消费者的自信心等因素。消费者为了回避风险，往往偏爱拥有知名品牌的产品，以坚定购买的信心。而品牌在消费者心目中是产品的标志，它代表着产品的品质和特色，同时它还是企业的代号，意味着企业的经营特长和管理水准。因此，品牌缩短了消费者的购买决策过程。一个品牌一旦拥有广大的忠诚顾客，其领导地位就不易改变，即使其产品已历经改良和替换。波士顿咨询集团（1990）研究了30大类产品中的市场领先品牌，发现“在1929年的30个领袖品牌中有27个在1988年依然勇居市场第一，在这些经典品牌中有象牙香皂、坎贝尔汤和金牌面粉”。像我们熟悉的一些海外著名品牌，也都有悠久的历史，如吉列（始于1895年）、万宝路（始于1924年）、可口可乐（始于1886年）、雀巢（始于1938年）。同样，我国的不少老字号在今天的市场竞争中依然有着品牌优势，如同仁堂等。那么如何保持稳定的品牌消费群体，形成品牌忠诚呢？

第一，构建基于顾客忠诚度的品牌发展战略模式。要实现打造顾客品牌忠诚度的目标，企业就必须适应从机会型成长到战略型发展的转变。改变机会型成长条件下以知名度为导向辅以大量广告和促销的品牌塑造与运作模式，取而代之的是在品牌知名度基础上以美誉度和忠诚度为导向的品牌运作模式。也就是说，在企业战略型成长条件下，企业所坚持的品牌运作基本模式应该是：知名度≤美誉度≤忠诚度或知名度=美誉度=忠诚度。在战略型成长条件下，坚持以美誉度和忠诚度导向的品牌运作模式，最根本的要求就是企业不仅要注重广告与促销，更要注重基于消费者忠诚的战略营销与为培育消费者忠诚的服务、管理，以及全方位战术营销体系的构建与维护，从内到外进行细节化、精确化的管理与运作，以此为依据，形成基于消费者价值的品牌设计与传播体系，真正减少消费者品牌转换行为，为培育和提高消费者品牌忠诚度提供战略上的支持。

第二，全面规划企业品牌识别系统，以品牌识别系统提高顾客忠诚度。品牌识别系统确立的是品牌的内涵，也就是企业希望被消费者认同的品牌形象，它是整个品牌战略规划的重心所在，也是打造品牌忠诚度的重要基础。品牌识别系统从品牌的理念识别、行为识别与符号识别三个方面规范了品牌的思想、行为、外表、内在要素，同时还包括品牌承诺、品牌个性、品牌文化等内在精神，并规范了品牌在企业、企业经营者、员工、产品、市场推广、品牌传播等层面上“做与不做”的行为准则，也为品牌在视觉、听觉、触觉等方面的表现建立了基本的标准。为此，首先，企业要进行全面科学的品牌调研与诊断，充分研究市场环境、目标消费群、竞争者以及相关利益群体对品牌的认知与理解，并据此为品牌战略决策提供翔实、准确的信息支持和决策支持；其次，要在品牌调研与诊断的基础上，提炼出高度差异化、清晰化和基于消费者价值系统的品牌核心价值观，并贯穿于企业品牌传播的每一个环节，从而保证企业的每一次营销传播活动都能演绎传达出品牌的核心价值、品牌的精神与追求，确保企业的每一次营销传播活动都能够为培育消费者对品牌的忠诚度添砖加瓦。

第三，赋予品牌个性化的文化内涵，减少顾客的品牌转移。文化是品牌的灵魂。成功的品牌不是僵化了的名称和标识，而是富于情感的文化精灵。品牌文化不是产品本身，而是产品体现出的文化情愫、情感氛围、人际亲和、敬业向上等人文精神；它不是质量，而是产品中体现出的质量意识；它不是服务，而是凝结在服务中的服务理念和服务艺术；它也不是营销策略，而是指导策略制定和实施的经营理念、道德。

6.3.3 建立企业与顾客的互动机制

企业出售的不仅是产品或服务，更是一份信誉，这就需要让客户对企业品牌有更加清晰的了解与认识。企业可以通过各种互动沟通形式，来增加客户对企业品牌的认识，让其了解企业的品牌文化。企业与客户之间的互动活动还可以深入了解客户需求，不断改正产品或服务内容，制定可以达到双赢的价格等，使客户在了解企业的基础上，对企业产生信赖，从而提高客户对企业的忠诚度。

企业品牌忠诚度的提高，最主要的就是要满足客户需求。企业的品牌只有满足了客户，同时符合市场需求，让客户在消费过程中感觉到愉悦，才能得到客户的青睐，获得客户的“忠诚”，最终赢得品牌信誉。任何产品只要有了自己的信誉，必定会有广阔的市场前景。只要是真正了解客户需求，为客户提供更高价值的产品或服务，人性化地满足客户需求，就一定可以提高企业的品牌忠诚度。

良好的品牌形象是提高品牌忠诚度的基础，所以企业必须树立良好的品牌形象。品牌要简明扼要地说明产品的特点、作用等，并且要个性且易懂。良好的品牌形象也是客户选择品牌的重要条件之一，而客户的口碑就是最好的宣传，它不仅为企业树立了良好的形象，而且增加了客户对企业的好感，这样才有利于保证客户对品牌的“忠诚”。

6.4 利用新技术、新手段构建品牌忠诚

6.4.1 “物联网平台+区块链”助力供应链升级

5G技术、物联网和人工智能的发展，将在未来几年时间内给各大行业带来革命性的变化。区块链的应用已由最开始的金融领域延伸到物联网、智能制造、供应链管理、数据存证及交易等多个领域，将为云计算、大数据、承载网络等新一代信息技术的发展带来新的机遇，其构建的可信机制，将改变当前社会商业模式，从而引发新一轮的技术创新和产业变革。

随着5G技术大规模投入使用，行业供应链环节的信息获取和交互速度将达到新的层次，5G所产生的海量数据，经过数字化处理后，将为包括人工智能、自动化生产在内的创新技术与应用提供强有力的支撑。技术发展的同时，社会的需求也在发生深层次的变革。企业以平台为核心，以应用为牵引，大力提升全球化端到端服务能力，聚焦重点领域，聚合产业资源，推动物联网业务价值规模化快速提升，助力企业创新发展。5G技术可提高企业的设备管理能力，为客户提供设备链接管理、应用开发的物联网应用、实现物联网设备快速部署，进一步提升客户忠诚度。比如，随着技术发展，电商销售平台能模拟预测消费者未来的需求，并将预测传递给上游生产商。通过对生产商数据赋能，生产商将会有更充足的时间来计划生产，开发出更符合目标客群的特定产品。通过减少中间环节，生产商可以保留更多利润，用户也可以得到更多物美价廉的商品。而且，越来越多年轻消费者喜欢定制化的产品，满足了绝大多数顾客的需求，增加了顾客忠诚感和回购率。企业应继续大幅增加技术投入，运用基于分布式人工智能架构的深度学习模型，持续提升产品及推广推荐的精准度，和世界各地科研机构合作，以提升公司在分布式人工智能领域的技术能力。

同时，区块链的可追溯性可以帮助购物平台解决假货问题。任何产品

在购物平台上线时，区块链数据都会对其进行验证，并存储其产品的相应信息。当假冒伪劣产品出现时，区块链数据库就会自动地进行识别，并且会对这种假冒伪劣产品进行追根溯源，进而判断出假冒产品的出处，有效防止假冒伪劣产品上线，帮助购物网站自动优化推荐。另外，如果将区块链技术运用到购物平台上，除了可以防止假冒伪劣产品上线外，还能发挥区块链的去中心化特点，有效解决电商平台中经常出现的退换货时间迟缓的问题，能够让消费者与商家直接对接，进而让消费者快速地拿到退货款，提升消费者的购物体验。

6.4.2 建立私域流量，强化线上顾客感知价值

在新冠肺炎疫情期间，当消费者对线上零售平台传递价值有所感知时，他们对于现有零售平台的忠诚也会相应提升。线上零售平台所创造的程序性价值能够有效提升顾客忠诚，在疫情隔离期间消费者对于程序性价值的感知也会变得更为敏感，而各个电商平台通过一些娱乐性、乐趣性的活动给予消费者良好的购物体验与愉悦感受，并通过及时的在线服务、定制化购物推荐的推送，及时跟进消费者疫情期间的购物需求，增强消费者对程序性价值的感知，进而提升其满意度与忠诚度。同时，在疫情期间，由于很多线下实体店关闭了，这给线上零售平台带来很大的发展机会，电商平台通过及时性的服务、医疗物品等产品的及时上线以及产品信息的及时发布，满足了消费者的基础需求，并且由于疫情对国民整体经济造成了一定的冲击，消费者比以往任何时候对价格的感知更为敏感，当消费者感知到线上零售平台带来的程序性价值、社会性价值以及功能性价值时，会极大程度促进他们的忠诚行为。消费者将生活与消费转至线上，通过线上社交平台来获取社交需求，通过电商平台来满足自我消费需求。由此，私域流量迎来新一波爆发式的增长，比如各品牌和企业借助私域流量的运营在小程序以及社交电商上开启了带货模式。企业要对自身平台的私域流量开始布局，最终通过强化消费者对平台价值的认知，以及一定程度上弱化对其他平台吸引力的评估来达到顾客忠诚的目的。由此，各企业可重点发展线上平台，利用顾客感知价值在消费者群体中建立起强大的忠诚机制，进而提高自身平台的顾客留存率。同时，各企业可以将实体店上“云”，通过云客服、云商城等方式与消费者建

立更紧密连接。

平台可以对所获取的私域流量再细化的数据进行分析与管理。比如，获取更为细致的用户画像、基础运营信息（如用户购买产品数量、所在地区、购买产品类型等）并基于这些信息，对私域流量内的用户进行精准的以及个性化的广告投放，发掘他们在疫情期间的需求，实现真正意义上的定制化推荐，提升营销触达的有用性及有效性，使消费者感知的功能性价值以及程序性价值大幅度增加。在疫情期间，平台还可通过私域流量的运营增加消费者的互动与参与感，通过专属服务号实现一人对多用户服务以及推送专属个体消费者的服务内容、在线回复个体消费者等功能，使消费者感知到平台方与自身的互动以及平台方给予的情感关怀，从而增强该平台产品与服务的优质评估，提升消费者对于社会性价值的感知。

6.4.3　承担社会责任，提升情感联结

企业通过合理制定社会性事务的营销策略，不仅满足了自身商业性需求，更通过这些营销策略调动消费者的热情与忠诚，比如在拼多多的“助农”营销活动中，一方面，平台调动消费者的参与度并刺激消费者的购买行为，促进自身商业价值；另一方面，平台为提升弱势群体福利而做出努力，消费者会因参与该类活动获取自我认可感，进而与平台建立情感联结，增强顾客忠诚。由此，企业在主动承担社会责任并参与社会性事务中，提高自身社会声誉的同时还能建立顾客忠诚度，消费者通过对企业社会责任的感知增强他们对企业正面形象的认知，促使他们做出购买决策以及忠诚行为以表达自己对于品牌和企业的信任与认可。在疫情期间，线上零售平台可通过企业社会责任的承担与消费者建立情感共鸣与联结，进而获取更为稳固可靠的长期关系。

当消费者对线上零售平台的企业社会责任评估较高时，消费者与现有平台保持关系的意愿会增强，他们甚至会认为成为现有平台的用户是值得骄傲的事情，由此消费者会增加对平台现有关系的投入，减弱其对其他平台的关系承诺，进而巩固其忠诚行为。由此，线上零售平台的营销管理人员在考虑增强消费者关系承诺与线上顾客忠诚时，可以从线上顾客感知价值与线上企业社会责任的把控入手。在消费者的认知中，线上零售平台主

动承担社会责任并实施相应社会性营销活动，会有效增强消费者对于平台价值的感知与评估，进而提高顾客的忠诚度。

6.4.4 加强终端及团队建设

网络的营销价值被越来越多的企业挖掘，利用网络作为渠道终端也成为企业一个重要的营销手段。线上零售平台面临的竞争不仅来自其他电商平台，还来自线下传统的零售商。而电商平台与线下零售商最大的区别在于，在线下的购物环境中，良好的购物体验通常是吸引消费者反复光临购物中心的原因。线上零售商是否能突破虚拟的界限，运用创新的技术与营销策略去打动消费者，给予消费者新颖并且优质的消费体验便成为了顾客是否留存的关键因素。总体来说，在目前的市场环境下，线上零售平台获取了极佳机遇的同时也面临着严峻的挑战，营销管理者唯有以消费者为核心，运用大数据及创新的营销策略为自身的平台赋能，为消费者提供便利的服务、定制化的推荐、优质的产品、极致的购物体验。

同时，企业应重视员工管理，组建跨职能团队，坚持顾客价值导向。企业要注重员工的管理，多提供员工之间交流的机会，鼓励员工发表自己的想法，培养员工之间的默契与协作能力。特殊情况下，企业可以将来自不同职能领域的个体组建成一个团队，通过员工之间的交流、默契和合作，以及各职能领域的专业技术手段，共同为管理客户忠诚度提出快速有效措施。

6.5 本章小结

本章在验证了品牌忠诚模型的基础上提出了品牌忠诚的提升策略，主要围绕如何进行员工品牌内化、如何增强品牌体验、如何构建品牌忠诚以及新情境下如何建立品牌忠诚四个方面展开。对内来说，明晰品牌识别、改善领导风格及优化企业内部流程通常被认为是加强员工品牌内化的有效策略；对外来说，强化体验、共享属性价值的品牌社区活动可提高品牌经营的成功概率，是提升品牌忠诚的重要途径。本章通过讨论普通情境以及新情境下品牌忠诚的建立途径，提出品牌忠诚的认知基础、建立品牌忠诚的运作策略、建立企业与顾客的运作机制以及构建品牌忠诚的发展策略，本章主要是品牌内化与品牌忠诚关系模型在实践中的具体体现和应用，在实践层面探讨和深化了该模型。

7 研究结论与展望

在前述六章研究内容的基础上，本章主要是对本书的主要研究内容进行简要总结。在此基础上，形成本书的研究结论。同时，指出了本书局限性以及今后要继续展开的研究工作和方向。

7.1 研究结论

服务经济是现代经济的重要标志，服务业是现代产业的主体。社会生产的林林总总，人民生活的方方面面，都与服务业息息相关。加快发展服务业，不仅有利于加强社会建设与管理创新、提高人民生活水平和质量，而且有利于发挥人力资源丰富的优势、促进创新型国家建设、推动经济由大变强。服务经济的蓬勃发展使服务品牌的研究更加迫切，服务品牌管理成为服务营销研究的新型主题。在服务品牌化的过程中，员工及顾客的互动及其行为表现是品牌形象的组成部分，因此如何实现员工品牌内化及其与顾客体验之间的关系便成为本书的重要内容。为此，本书展开以下几项研究工作：

（1）对服务品牌、员工品牌内化、品牌体验及品牌忠诚的概念进行界定，针对目前研究的不足，明晰本书要研究的主要问题。

（2）通过理论推演，构建员工品牌内化与品牌忠诚之间的关系模型，揭示员工品牌内化到品牌忠诚形成之间的作用机制及品牌体验的中介作用。通过内部驱动因素，如品牌培训、品牌激励和品牌沟通及外部驱动因素品牌形象、品牌声誉形成品牌认同及承诺实现品牌内化，从而员工才可以将品牌的质量和内涵更好地提供给消费者并且以消费者需求为导向，不断提升服务水平使消费者形成更好的品牌体验。由于体验是一种客观存在的心理需求，体验的结果是顾客满意与否（顾客满意度）心理形成的根源。而顾客满意水平的不同，最终形成了顾客对服务品牌的忠诚与否。

（3）使用纵向案例分析法验证品牌内化与品牌忠诚的关系模型，通过质性研究揭示各个维度之间的互动关系并分析相关命题的支持情况：使用语言学中话语分析的方法对案例企业访谈资料及文献资料进行由表层形式到深层功能的分析，运用矩阵表、脉络图、因果状态图对案例企业的品牌忠诚形成过程分别进行呈现，通过个案复制性检验来验证概念模型及命题。

（4）依据验证的概念模型及相关命题，为企业形成品牌忠诚提出相关策略和实现方案。该方案主要围绕加强员工品牌内化、促进品牌外部形象及品牌忠诚构建策略三个方面展开。对内来说，明晰品牌识别、改善领导风格及优化企业内部服务流程通常被认为是加强员工品牌内化的有效策略；对外来说，强化体验、共享属性价值的品牌社区活动可提高品牌经营的成功概率，是提升品牌体验的重要途径。最后通过品牌忠诚的认知基础、建立品牌忠诚的运作策略及建立企业与顾客的运作机制，构建品牌忠诚的发展策略。

通过上述研究工作，本书得出的主要研究结论如下：

（1）员工特别是一线员工是品牌的重要组成部分，员工如果乐于参与工作，积极服务并响应顾客，就会形成良好的顾客体验。

（2）企业员工利用资源和技术为顾客提供产品和服务，顾客不同程度地参与到消费过程中，企业和员工通过一系列的互动活动实现服务和产品的价值。随着企业—顾客交互界面的增长，服务接触对顾客未来的购买行为和口头传播有巨大的影响，这些接触是持续交易的保证。

（3）服务消费在很大程度上是过程消费，服务的顾客价值基本上是在服务过程中形成的，对以过程消费为主的服务业，形成品牌忠诚的关键是顾客体验。

（4）品牌忠诚实现的有效形式要通过对内清晰的品牌识别，领导风格的改善及企业内部业务流程的优化来提升员工的品牌内化，通过品牌社区活动强化品牌体验，从而建立企业与顾客忠诚的运作机制。

7.2 研究局限性及未来研究方向

7.2.1 研究局限性

(1) 在基础理论的架构上，由于每一个理论自身的片面性及单一性，本书基于服务品牌营销的理论架构还有待深入和突破。

(2) 案例研究方法本身存在的不足。依据 Yin (2003) 的研究，案例研究的思路是事先提出命题或理论假设，以此为基础进行数据资料的收集和整理，最终通过这些数据资料的分析来验证先前提出的命题或理论假设，难免陷入先入为主的印象，从而影响了结论的客观性与独立性。

(3) 在质性研究方法上，由于本书属于对品牌忠诚形成过程的探索性研究，主要回答的是品牌忠诚为什么需要员工品牌内化及如何建立品牌忠诚。对于这种过程性研究，本书采用了质性分析方法，但是由于质性研究偏重于话语分析，作者采用的是语言学分析工具，对文中所呈现的文本所表达意义及话语构成单位的选取仍有一定的偏差及主观性。

(4) 在品牌忠诚的形成策略上，本书尝试提出了几点建议，但对其全面性及对中国服务型企业的适用性都需做进一步的理论研究。

(5) 由于案例企业与国内企业所处情境不同，由于情境因素的存在，品牌忠诚的构建过程必然会存在差异。因此，品牌忠诚的差异化分析仍需进一步研究。

7.2.2 未来研究方向

本书的后续研究主要围绕以下几个方面：

(1) 由于本书的研究主题是研究品牌忠诚的形成过程，因此本书的理论框架基本是围绕品牌营销等理论展开的，对于涉及跨学科如行为经济学、博弈论、心理学等相关理论虽有所涉及但并未进行整体的梳理和比较，后期需进一步深入探索这些相关理论，以完善概念模式的架构。

（2）对于案例研究方法的局限性，后期研究需要借助扎根理论（Grounded Theory）的研究方法，系统收集、整理一切可能的写实资料，从中挖掘出关键信息，最终形成命题或理论假设，从而避免了先有概念模式后有分析验证的反向行为。

（3）对于案例选取的代表性问题，本书得出的研究结论是否能够推广应用到所有的企业还需要更多的案例来进行进一步验证。因此，后续研究将扩大案例企业范围进行深度访谈和实地调研，以验证研究结论的普适性。

（4）对于质性分析方法的局限性，后期进行延伸研究时还可借助抽样研究设计结合实证研究等方法来展开，但这取决于真正实现了品牌忠诚的服务企业数量。

（5）对于服务企业品牌忠诚的实现策略，本书还仅仅是在概念和思维上的一个设想，这一设想是否能够成立还需要进一步深入研究和实证检验，而对于国内外文化情境的差异，企业面临的制度环境也不完全一样，品牌忠诚的实现路径是否一致是本书后续研究的一个重要内容。

参考文献

［1］祝合良，商迎秋. 服务品牌与产业品牌的比较分析［J］. 商业经济研究，2015（20）：71-73.

［2］商迎秋，祝合良. 服务品牌识别模型构建［J］. 商业经济研究，2015（14）：50-51.

［3］祝合良，商迎秋. 强势服务品牌创建路径［J］. 中国流通经济，2015（3）：94-100.

［4］祝合良，陶思宇. 中国零售业品牌价值研究——基于 Interbrand“全球最佳零售品牌榜”视角［J］. 商贸流通，2014（34）：22-24.

［5］祝合良，关冠军. 国外服务品牌研究综述［J］. 首都经济贸易大学学报，2014（5）：114-119.

［6］祝合良，王平. 中国品牌发展的现状、问题与对策［J］. 经济与管理研究，2007（8）：23-28.

［7］［美］施密特. 体验营销——如何增强公司及品牌的亲和力［M］. 刘银娜，高靖，梁丽娟，译. 北京：清华大学出版社，2004.

［8］［美］约瑟夫·派恩二世，詹姆斯·H. 吉尔摩. 体验经济［M］. 夏业良，鲁炜，等，译. 北京：机械工业出版社，2010.

［9］刘小平，王重鸣. 中西方文化背景下的组织承诺及其形成［J］. 外国经济与管理，2002（1）：17-21.

［10］王玮，徐梦熙. 移动互联网背景下整合使用概念、维度及其对任务绩效的影响机制——基于扎根理论的探索性研究［J］. 南开管理评论，2020，23（5）：16-27.

［11］张冉，顾丽娟. 社会组织员工品牌内化的价值和建构［J］. 新视野，2018（3）：104-109.

［12］凌文辁，张治灿，方俐洛. 中国员工组织承诺的结构模型研究［J］. 管理科学学报，2000（2）：76-81.

［13］张初兵，侯如靖．自我概念一致性对网商品牌忠诚影响的实证研究［J］．软科学，2013（4）：136-140.

［14］赵卫宏．消费者自我概念结构维度对品牌个性的相对影响力研究［J］．商业经济管理，2009（1）：84-90.

［15］高媛，李阳，孟宪忠，谢佩洪．品牌体验如何影响品牌忠诚——兼论产品卷入的调节效应［J］．软科学，2011（7）：126-130.

［16］范志国，郭靖丽．品牌依恋对我国年轻顾客群体行为意向影响的实证研究——基于品牌承诺中诺效应的分析［J］．经济经纬，2015（11）：108-113.

［17］俞博文．零售业态发展与零售市场管理［J］．现代营销（经营版），2020（6）：86-87.

［18］谢礼珊，彭加敏，张春林．旅游企业员工品牌公民行为对顾客品牌信任和品牌承诺的影响［J］．旅游学刊，2010，25（11）：58-65.

［19］姚唐，黄文波，范秀成．基于组织承诺机制的服务业员工忠诚度研究［J］．管理世界，2008（5）：102-114.

［20］姚凯，崔晓明．心理所有权的非均衡发展及其影响效应研究［J］．经济理论与经济管理，2010（8）：25-31.

［21］刘海娟，任力．基于品牌承诺的品牌钟爱对品牌忠诚的影响研究［J］．经济与管理，2015（10）：137-140.

［22］王红军，刘进平．基于利益相关者价值承诺的企业品牌管理模式创新［J］．企业经济，2012（5）：11-14.

［23］徐彪，李心丹，张珣．基于顾客承诺的 IT 业品牌忠诚形成机制研究［J］．管理学报，2011（11）：1675-1681.

［24］安贺新．服务公平对顾客体验、顾客满意与顾客忠诚影响激励的实证研究——基于北京市部分酒店的调查数据［J］．中央财经大学学报，2012（1）：76-81.

［25］粟路军，黄福才．服务公平性、消费情感与旅游者忠诚关系：以乡村旅游者为例［J］．地理研究，2011（30）：463-476.

［26］贺爱忠，龚婉琛．购物网站顾客体验对品牌忠诚影响的实证研究［J］．东南大学学报，2011（7）：63-67.

［27］李华敏．顾客体验、品牌认同与品牌忠诚的关系研究——以苹果手机的青年顾客体验为例［J］．经济与管理，2013（8）：65-71.

[28] 张秀娥，周荣鑫等. 创业团队成员信任对企业社会网络与创新能力的影响研究 [J]. 经济与管理研究，2012 (3)：105-111.

[29] 刘兰剑，司春林. 创新网络 17 年研究文献述评 [J]. 研究与发展管理，2009 (4)：68-77.

[30] 周志民，郑雅琴. 从品牌社群认同到品牌忠诚的形成 [J]. 深圳大学学报，2011 (7)：35-46.

[31] 郭国庆，牛海鹏. 品牌体验对品牌忠诚驱动效应的实证研究——以不同产品卷入度品牌为例 [J]. 经济管理研究，2012 (2)：58-66.

[32] 钱佳，吴作民. 品牌体验与品牌忠诚关系研究：相关理论研究述评 [J]. 华东经济管理，2008 (6)：143-148.

[33] 李启庚，余明阳. 品牌体验价值对品牌资产影响的过程机理 [J]. 系统管理学报，2011 (11)：744-751.

[34] 杨德锋，王新新. 价格促销对品牌资产的影响竞争反应的调节作用 [J]. 南开管理评论，2008，11 (3)：20-30.

[35] 郭国庆，牛海鹏，刘婷婷，姚亚男. 品牌体验对品牌忠诚驱动效应的实证研究——以不同产品卷入度品牌为例 [J]. 经济管理研究，2012 (2)：58-66.

[36] 魏想明，潘佳欣. 虚拟品牌社区下顾客参与对顾客体验的影响研究 [J]. 经济研究导刊，2020 (11)：101-106.

[37] 李荣庆. 新消费环境下百货业态体验营销路径构建 [J]. 商业经济研究，2015 (2)：59-60.

[38] 余文伟，朱虹，胡小丽，肖春曲. 虚拟品牌社区中的品牌价值共创研究述评与展望 [J]. 软科学，2020，34 (7)：55-59.

[39] 方芳，许正松. 国内外品牌形象研究综述 [J]. 科技视界，2020 (18)：199-201.

[40] 翁景德，郑迪文. 基于知识图谱（Citespace）的品牌管理研究综述 [J]. 中国集体经济，2021，4 (12)：82-84.

[41] 周海涛，李永闲，李虔. 案例研究方法的应用 [M]. 重庆：重庆大学出版社，2010.

[42] 王金红. 案例研究法及其相关学术规范 [J]. 同济大学学报（社会科学版），2007，18 (3)：87-95.

[43] 이인호, 한기순. Development of a Gifted Behavior Checklist Based

on the Observation Probability and Importance of the Behavior in Class [J]. Journal of Gifted/Talented Education, 2015, 25 (6): 20-21.

[44] Abraham D. S. Development of Employee Engagement Programme on the basis of Employee Satisfaction Survey [J]. Journal of Economic Development, Management, IT, Finance and Marketing, 2012 (1): 27-37.

[45] Akyüz, İlker, B., Bahadır C. & Ersen, N. Factors Affecting Consumer-Based Brand Equity from the Perspective of Turkish Consumers [J]. Drvna industrija : Znanstveni časopis za pitanja drvne tehnologije, 2019 (2): 115-127.

[46] Alexander, J. Kull, J. A. & Mena, D. K. A Resource-based View of Stakeholder Marketing [J]. Journal of Business Research, 2016, 69 (12): 63-64.

[47] Anil B., Jay K. & Zhang, T. Towards a Unified Customer Experience in Online Shopping Environments [J]. International Journal of Quality and Service Sciences, 2016, 8 (1): 18-19.

[48] Appalayya M. & Justin P. Service quality, consumer satisfaction and loyalty in hospitals: Thinking for the future [J]. Journal of Retailing and Consumer Services, 2018 (40): 9-10.

[49] Awadi A. A Proposed Model of Consumer Loyalty in the Retailing Sector Based on the Kuwaiti Experience [J]. Total Quality Management, 2002, 13 (7): 1035-1046.

[50] Ayben C. The Impact of Perception Related Social Media Marketing Applications on Consumers' Brand Loyalty and Purchase Intention [J]. Emerging Markets Journal, 2019, 9 (1): 13-14.

[51] Ayesha A., Amir G., Fahid B. S. & Salman N. A. Impact of Brand Image, Trust and Affect on Consumer Brand Extention Attitude: The Mediating Role of Brand Loyalty [J]. International Journal of Economics and Management Sciences, 2011, 1 (5): 73-79.

[52] Benjamin B. & Jessica D. An Ethical Perspective on Necro-Advertising: The Moderating Effect of Brand Equity [J]. Springer Netherlands, 2019, 155 (4): 23-24.

[53] Bennett, R & Sharyn R. T. The Brand Loyalty Life Cycle: Implica-

tions for Marketers [J]. Journal of Brand Management, 2005, 12 (4): 250-263.

[54] Bernd, W., Wirtz, A., Pistoia, S. & Ullrich, V. G. Business Models: Origin, Development and Future Research Perspectives [J]. Long Range Planning, 2016, 49 (1): 36-54.

[55] Carroll, B. A. & Aaron A. Some Antecedents and Outcomes of Brand Love [J]. Marketing Letters, 2006, 17 (2): 79-89.

[56] César Z. Matching with the Stars: How Brand Personality Determines Celebrity Endorsement Contract Formation [J]. International Journal of Research in Marketing, 2016, 33 (2): 409-427.

[57] Chang, H., Che, H. Hsu., & Shu, H. C. The Antecedents and Consequences of Brand Equity in Service Markets [J]. Asia Pacific Management Review, 2008, 13 (3): 601-624.

[58] Chang, P., & Hua C. Building Consumer. Brand Relationship: A Cross Cultural Experiential View [J]. Psychology and Marketing, 2006, 23 (11): 27-59.

[59] Chattopadhyay, T., Shivani, S., & Krishnan, M. Marketing Mix Elements Influencing Brand Equity and Brand Choice [J]. Vikalpa, 2010, 35 (3): 67-84.

[60] Chen, T. T. Memorable Tourist Experiences and Place Attachment When Consuming Local Food [J]. International Journal of Tourism Research, 2016, 18 (6): 536-548.

[61] Chi, H. K., Yeh, H. R. & Yang, Y. T. The Impact of Brand Awareness on Consumer Purchase Intention: The Mediating Effect of Perceived Quality and Brand Loyalty [J]. The Journal of International Management Studies, 2009 (4): 135-144.

[62] Ching, F. C., & Wen, S. T. Exploring Customer Based Airline Brand Equity: Evidence from Taiwan. Transportation Journal, 2010, 49 (1): 24-34.

[63] Christian. Marketing of Services: Quality Dimensions [M]. Portland: New Century Pub, 2018.

[64] Claessens, S., Kunt, A. D., & Huizinga, H. How Does Foreign

Entry Affect Domestic Banking Markets [J]. Journal of Banking and Finance, 2001, 25 (5): 891-911.

[65] Clay M. V., Michael K. B., Roger C, & Edward R. Discriminant Validity Testing in Marketing: an Analysis, Causes for Concern, and Proposed Remedies [J]. Journal of the Academy of Marketing Science, 2016, 44 (1): 119-134.

[66] Constantinides, E. The Marketing Mix Revisited: Towards the 21st Century Marketing [J]. Journal of Marketing Management, 2006, 22 (3-4): 407-438.

[67] Daniela A., Giuseppe P., Lia Z., Chiara S. Reprint of A renaissance of Brand Experience: Advancing the Concept through a Multi-perspective Analysis [J]. Journal of Business Research, 2018 (96): 122-133.

[68] Das, K. Contemporary Marketing Practices in Indian Retail Banking [J]. Journal of Marketing and Communication, 2009, 5 (1): 20-39.

[69] Deepak C. & Neena S. Local versus Global Brand Preferences amongst Urban Indian Chocolate Consumers: an Empirical Study [J]. Indian Culture and Business Management, 2016, 12 (4): 806-814.

[70] Delgado B. E., Jose L. M. Development and Validation of a Brand Trust Scale [J]. International Journal of Market Research, 2003, 45 (1): 35-53.

[71] DelVecchio, D., Cheryl B. J & Richard R. K. & Brian R. D. Leveraging Brand Equity to Attract Human Capital [J]. Marketing Letters, 2007 (3): 149-164.

[72] De Matos, C. A., & Rossi, C. A. V. Word-of-mouth communications in marketing: A meta-analytic review of the antecedents and moderators [J]. Journal of the Academy of Marketing Science, 2008, 36 (4): 578-596.

[73] Drichoutis A. C., Vassilopoulos A., Lusk J. L. & Nayga R. M. Consumer Preferences for Fair Labour Certification [J]. Narnia, 2017, 44 (3): 455-474.

[74] Ernst & Young. Retail Banking in Asia Pacific—Pursuing Customer Loyalty [R]. Survey Report, 2010.

[75] Eunju K., Ian P. & Gaetano A. Luxury Brand Strategies and

Customer Experiences: Contributions to Theory and Practice [J]. Journal of Business Research, 2016, 69 (12): 5749-5752.

[76] Ezeh, C., & Harris, L. Physical Evidence Research: Review of a Research Agenda [J]. Marketing Review, 2008, 7 (1): 59-78.

[77] Ezgi E. Managing Your Brand for Employees: Understanding the Role of Organizational Processes in Cultivating Employee Brand Equity [J]. Administrative Sciences, 2018, 8 (3): 39-52.

[78] Ezgi E., Murat H. Do Your Internal Branding Efforts Measure Up? [J]. International Journal of Contemporary Hospitality Management, 2015, 27 (5): 18-19.

[79] Faircloth, J. B., Capella, L. M., & Alford, B. L. The Effect of Brand Attitude and Brand Image on Brand Equity [J]. Journal of Marketing Theory and Practice, 2001, 9 (3): 61.

[80] Fedorikhin A., Park C. W. & Thomson M. B. Beyond Fit and Attitude: the Effect of Emotional Attachment on Consumer Reposes to Brand Extensions [J]. Journal of consumer psychology, 2006 (4): 281-291.

[81] Feride B. K. & Kumru D. A. The Effects of Consumer Confusion on Hotel Brand Loyalty: an Application of Linguistic Nonlinear Regression Model in the Hospitality Sector [J]. Soft Computing, 2020, 24 (6): 13-14.

[82] Gabriela C. V., Mellina da S. T. The Brand Equity Mediation in the Relationship between Physical Evidence and the Intention to Buy in Cosmetics Stores [J]. Revista de Administração IMED, 2019, 9 (1): 21-22.

[83] Gauthier C., Polymeros C., Lars M. -W. Brand Loyalty Evolution and the Impact of Category Characteristics [J]. Springer US, 2019, 30 (1): 17-18.

[84] Gayatri S. T. & Githa H. The Mediating Role of Brand Commitment and Brand Loyalty Between Brand Identification and Brand Citizenship Behaviour: Evidence From It Companies in Bangalore [J]. SJCC Management Research Review, 2018, 8 (1): 14-15.

[85] Geçti, F., & Zengin, H. The Relationship between Brand Trust, Brand Affect, Attitudinal Loyalty and Behavioral Loyalty: A Field Study towards Sports Shoe Consumers in Turkey [J]. International Journal of Marketing

Studies, 2013 (5): 111-119.

[86] George, D., & Mallery, P. SPSS for Windows: Step by step (8th ed.) [M]. India: Pearson India, 2008.

[87] Gheorghe O., Otilia-E. P. Conceptual Model Regarding the Influence of Social Media Marketing Communication on Brand Trust, Brand Affect and Brand Loyalty [J]. Economic Computation and Economic Cybernetics Studies and Research, 2016 (50): 141-156.

[88] Giannina W. & Keith D. Cultural Intermediaries in Place Branding: Who are They and How Do They Construct Legitimacy for Their Work and for Themselves? [J]. Tourism Management, 2018 (66): 13-14.

[89] Goldsmith, R. E., Brand Engagement and Brand Loyalty; In: Branding and Sustainable Competitive Advantage: Building Virtual Presence [J]. Business Science Reference, 2012 (2): 121-135.

[90] Gotlieb, J. B., & Bolton, D. L. Three of the Key Variables that Help Explain How Consumers Develop Their Perception of the Quality of Organizations Marketing Services [J]. Journal of Professional Services Marketing, 2000, 21 (1): 89-103.

[91] Gray, B. J. Benchmarking Services Branding Practices [J]. Journal of Marketing Management, 2006, 22 (7): 717-758.

[92] Grisaffe D. B. & Nguyen H. P. Antecedents of Emotional Attachment to Brands [J]. Journal of Business Research, 2011 (10): 1052-1059.

[93] Ha H. & Youl H. P. Effects of Consumer Perceptions of Brand Experience on the Web: Brand Familiarity, Satisfaction and Brand Trust [J]. Journal of Consumer Behavior, 2005, 4 (6): 438-452.

[94] Hair J. F., Jr. B., William C. Babbib B. J., Anderson R. E. & Tatham, R. L. Multivariate data analysis (6th ed.) [M]. India: Pearson Prentice Hall, 2006.

[95] Haiyan L., Martin de J. Evolution in City Branding Practices in China's Pearl River Delta since the year 2000 [J]. Cities, 2019 (89): 13-14.

[96] Hanna G. W., Sylwia Ż. B., Maksymilian C., Monika Ś.,

Dagmara S., Ewa Ś., Agnieszka B., Julita S. & Karol K. Organic Private Labels as Sources of Competitive Advantage-The Case of International Retailers Operating on the Polish Market [J]. Sustainability, 2018, 10 (7): 23-38.

[97] Ha-Won Jang, Soo-Bum Lee. Applying Effective Sensory Marketing to Sustainable Coffee Shop Business Management [J]. Sustainability, 2019, 11 (22): 6430.

[98] Hayes, Bryan J., Bruce, L. Alford, & Capella, Louis M. When the Goal is Creating a Brand Personality, Focus on User Imagery [J]. Journal of Academy of Marketing Studies, 2008, 12 (1): 95-116.

[99] Hays, J. M., & Hill, A. V. A Preliminary Investigation of the Relationships between Employee Motivation/vision, Service Learning, and Perceived Service Quality [M]. Journal of Operations Management, 2001, 19 (3): 335-349.

[100] Hightower, R. Jr. Commentary on Conceptualizing the Physical Evidence Construct in a Study of the Service Encounter in Eight Countries [J]. Marketing Management Journal, 2010, 20 (1): 76-86.

[101] Hiroki N. Relationship among Land Price, Entrepreneurship, the Environment, Economics, and Social Factors in the Value Assessment of Japanese Cities [J]. Journal of Cleaner Production, 2019 (217): 9-10.

[102] Hong, Y. H., Swinder, J., & Muthaly, S. Development of Brand Equity: Evaluation of Four Alternative Models [M]. Service Industries Journal, 2010, 30 (6): 911-928.

[103] Houcine A., Gàbor N. Trust and Commitment within a Virtual Brand Community: The Mediating Role of Brand Relationship Quality [J]. Information & Management, 2018, 8 (55): 939-955.

[104] Imran K., Zillur R. & Mobin F. The Role of Customer Brand Engagement and Rrand Experience in Online Banking [J]. International Journal of Bank Marketing, 2016, 34 (7): 1025-1041.

[105] Isabel B., Eva M. & Jorge M. From Internal Brand Management to Organizational Citizenship Behaviours: Evidence from Frontline Employees in the Hotel Industry [J]. Tourism Management, 2016, 57: 256-271.

[106] Isabelle B., Lova R., Line R. & Bilitis B. Impact of Customer Ex-

perience on Loyalty: a Multichannel Examination [J]. The Service Industries Journal, 2017, 37 (5-6): 317-340.

[107] Jamil H., Rima M. B., Ibrahim E. B. The Impact of E-Banking Service Quality on Customer Satisfaction: Evidence From the Lebanese Banking Sector [J]. SAGE Open, 2018, 8 (3): 13-47.

[108] Jeanne M. D., Jeffrey K., Ira G. Possible Ethical Issues and Their Impact on the Firm: Perceptions Held by Public Accountants [J]. Journal of Business Ethics, 1994, 13 (12): 913-937.

[109] Jeffrey M., Venkatesh S. & Leonard L. B. Pricing Hybrid Bundles by Understanding the Drivers of Willingness to Pay [J]. Journal of the Academy of Marketing Science, 2018, 46 (3): 497-515.

[110] Jen T. Y. Effect of Internal Marketing on Knowledge Sharing and Organisational Effectiveness in the Hotel Industry [J]. Routledge, 2014 (26): 1-2.

[111] Jill N. Exploring How Social Media Platforms Influence Fashion Consumer Decisions in the UK Retail Sector [J]. Journal of Fashion Marketing and Management: An International Journal, 2019, 23 (1): 82-103.

[112] John T., Susanne P., Maria P. & Eva S., Jessica A. -W. How Important is Country-of-origin for Organic Food Consumers? A Review of the Literature and Suggestions for Future Research [J]. British Food Journal, 2017, 119 (3): 542-557.

[113] Jungsun (Sunny) K., Hak J. S., Choong-Ki L. Effects of Corporate Social Responsibility and Internal Marketing on Organizational Commitment and Turnover Intentions [J]. International Journal of Hospitality Management, 2016, 55 (55): 25-32.

[114] Kabadayi, E. T. & Koçak A. A. Brand Trust and Brand Affect: Their Strategic Importance on Brand Loyalty [J]. Journal of Global Strategic Management, 2012 (11): 80-88.

[115] Kalliopi C. George C. & Cleopatra V. Managing the Consumer-based Brand Equity Process: A Cross-cultural Perspective [J]. International Business Review, 2018, 28 (2): 328-343.

[116] Katherine N. L. & Peter C. V. Understanding Customer Experience

Throughout the Customer Journey [J]. Journal of Marketing, 2016, 80 (6): 69-96.

[117] Kerstin L., Thomas K., Laura-Maria G. Managerial Style in Cost Asymmetry and Shareholder Value [J]. Managerial and Decision Economics, 2020, 41 (5): 800-826.

[118] Kim, Ji-Hern J. & Hyun, Y. J. Y. Model to Investigate the Influence of Marketing-mix Efforts and Corporate Image on Brand Equity in the IT Software Sector [J]. Journal of Industrial Marketing Management, 2011, 40 (3): 424-438.

[119] King C. & Grace D. Employee Based Brand Equity: Third Perspective [J]. Services Marketing Quarterly, 2009, 30 (2): 122-147.

[120] Kock, N. Advanced Mediating Effects Tests, Multi-Group Analyses and Measurement Model Assessments in PLS-Based SEM [J]. International Journal of e-Collaboration, 2014 (10): 1-13.

[121] Kumar R. Ranjan, S. R. Value Co-creation: Concept and Measurement [J]. Journal of the Academy of Marketing Science, 2016, 44 (3): 290-315.

[122] Lasser, W., Mittal, B. & Sharma, A. Measuring Customer Based Brand Equity [J]. Journal of Consumer Marketing, 2005, 12 (4): 11-19.

[123] Lin, I. Y. Evaluating Physical Evidence: The Effect of Cognition and Emotion [J]. International Journal of Hospitality Management, 2004, 23 (2): 163-178.

[124] Lisa M. Sales Promotion in Asia: Successful Strategies for Singapore and Malaysia [J]. Asia Pacific Journal of Marketing and Logistics, 2013, 25 (1): 48-69.

[125] Lukas B., Ellen R. Stefan W. & Andrea M. Are They All Equal? Uncovering Adopter Groups of Battery Electric Vehicles [J]. Sustainability, 2020, 12 (7): 15-28.

[126] Maio, E. Managing Brand in the New Stakeholder Environment [J]. Journal of Business Ethics, 2003, 2-3: 235-246.

[127] Mansur K. Xin (Shane) W. & Matthew T. How Well Do Consumer-Brand Relationships Drive Customer Brand Loyalty? Generalizations from a Meta-

Analysis of Brand Relationship Elasticities [J]. Journal of Consumer Research, 2019, 46 (3): 435-459.

[128] Mascarenhas, O., A. Kesavan R., Bernacchi M. Lasting Customer Loyalty: A total Customer Experience Approach [J]. Journal of Consumer Marketing, 2006, 23 (7): 397-405.

[129] Mathews, B. P. & Shepherd, J. L. Dimensionality of Cook and Wall's (1980) British Organizational Commitment scale [J]. Journal of Occupational and Organizational Psychology, 2002 (75): 369-375.

[130] Matthew K., Zheng X. Perceptual Mapping of Hotel Brands Using Online Reviews: a Text Analytics Approach [J]. Information Technology Tourism, 2016, 16 (1): 23-43.

[131] Alexander M., Tames H. & Tohn W. S. & Harold F. K. Building Brand Community [J]. Journal of Marketing, 2002 (66): 38-54.

[132] McQuillan, P. Internal Branding: How Human Resources Makes it Work-Best Practices in the HR Areas of Recruitment and Recognition [J]. Workplace news, 2007, 6 (4): 22-23.

[133] Meyer, J. P. & Allen, N. J. A Three-component Conceptualization of Organizational Commitment [J]. Human Resource Management Review, 1991 (1): 61-89.

[134] Md S. R. The Advantages and Disadvantages of Using Qualitative and Quantitative Approaches and Methods in Language Testing and Assessment Research: A Literature Review [J]. Journal of Education and Learning, 2016, 6 (1): 102-103.

[135] Michael A. & Kristof C. Misreading of Consumer Dissatisfaction in Online Product Reviews: Writing Style as a Cause for Bias [J]. International Journal of Information Management, 2018, 38 (1): 301-310.

[136] Michelle B., Aimee D. H., Brandon M. A. & James H.. Risky Consumption: Preparing for the Attack: Mitigating Risk through Routines in Armed Self-Defense [J]. University of Chicago Press Chicago, IL, 2018, 3 (1): 19-23.

[137] Michell, P., King, J., & Reast, J. Brand Values Related to Industrial Products [J]. Industrial Marketing Management, 2001, 30 (5): 415-

425.

[138] Moen P. & Lam J., Ammons S. & Kelly E. L. Time Work by Overworked Professionals: Strategies in Response to the Stress of Higher Status [J]. Work and occupations, 2013, 40 (2): 79-114.

[139] Mohammadbagher A. -B., Ali B. -A., Seyed M. S. & Fariborz J. A Multi-objective Environmental Hedging Point Policy with Customer Satisfaction Criteria [J]. Journal of Cleaner Production, 2018, 179 (1): 478-494.

[140] Mona A. & Mohammad S. E. Destination Image and Tourist Behavioural Intentions: A Meta-analysis [J]. Tourism Management, 2020, 81 (1): 104-154.

[141] Monica M. & Paul F. J. E.. Cooperative Branding for Mid-range Ecolodges: Costa Rica Case Study [J]. Journal of Outdoor Recreation and Tourism, 2019, 25 (1): 113-121.

[142] Moon-Kyung C., Youjae Y, Richard P. B. Effects of Customer Participation in Corporate Social Responsibility (CSR) Programs on the CSR-Brand Fit and Brand Loyalty [J]. Cornell Hospitality Quarterly, 2016, 57 (3): 235-249.

[143] Moorthy, S., & Zhao, H. Advertising Spending and Perceived Quality [J]. Marketing Letters, 2000, 11 (3): 221-233.

[144] Mukherjee, S., & Shivani, S. Influence of Physical Evidence on Service Brand Image Dimensions and Brand Equity [J]. Indian Journal of Marketing, 2013, 43 (6): 15-28.

[145] Nam, J., Ekinci, Y. & Whyatt, G. Brand Equity, Brand Loyalty and Consumer Satisfaction [J]. Annals of Tourism Research, 2011 (38): 1009-1030.

[146] Nardini G., Rank C. T., Bublitz M. G., Cross S. N. N., Peracchio L. A.. Together We Rise: How Social Movements Succeed [J]. Journal of Consumer Psychology, 2021, 31 (1): 112-145.

[147] Natalia R., Nieves V. & María J. Y. Creation of Consumer Loyalty and Trust in the Retailer through Store Brands: The Moderating Effect of Choice of Store Brand Name [J]. Journal of Retailing and Consumer Services, 2016, 34 (1): 358-368.

[148] Nezakati, H., Yen, C. P. & Akhoundi, M. Antecedents Impact on

Brand Loyalty in Cosmetics Industry [J]. Journal of Applied Sciences, 2013 (13): 126-132.

[149] Nielsen T. M., Hrivnak G. A. & Shaw M. Organizational Citizenship Behavior and Performance: A Meta - analysis of Group - level Research [J]. Small Group Re search, 2009 (5) : 555-577.

[150] Nilay B., İlayda İ. & Gül B. Antecedents and Outcomes of Brand Love: the Mediating Role of Brand Loyalty [J]. Journal of Marketing Communications, 2018, 24 (8): 863-877.

[151] O'Cass, A., & Grace, D. Service brands and communication effects [J]. Journal of Marketing Communication, 2004, 10 (4): 241-254.

[152] Øyvind T., Howard S., Stephan S. & Pasquale S. Multi-Category Competition and Market Power: A Model of Supermarket Pricing [J]. American Economic Review, 2017, 107 (8): 23-51.

[153] Palmer, A. Customer Experience Management: A Critical Review of an Emerging Idea [J]. Journal of Services Marketing, 2010 (24): 196-208.

[154] Pandej C., Sirimon T., Pornsit J. & Sang M. L. Do LGBT-Supportive Corporate Policies Improve Credit Ratings? An Instrumental-Variable Analysis [J]. Journal of Business Ethics, 2020, 162 (2): 31-45.

[155] Paninchukannath, A. Elaborate Physical Evidence: Spatial Dimensions [J]. SCMS Journal of Indian Management, 2009, 6 (2): 90-99.

[156] Pantea F., Keith D., Philip J. Kitchen, T. C. Melewar, M. M. F. IMC Antecedents and the Consequences of Planned Brand Identity in Higher Education [J]. European Journal of Marketing, 2017, 51 (3): 528-550.

[157] Papadopoulos D. Experimental Practice: Technoscience, Alterontologies, and More-Than-Social Movements [M]. Durham: Duke University Press, 2020.

[158] Pappu, R., Quester, P. G. & Cooksey, R. W. Consumer-based Brand Equity: Improving the Measurement-Empirical Evidence [J]. Journal of Product & Brand Management, 2005 (14): 143-154.

[159] Park C. W., Macinns D. J., Prester J. R. Beyond Attitudes: Attachment and Consumer Behavior [J]. Seoul Journal Business, 2006 (2): 3-35.

[160] Park, C. W., MacInnis, D. J. & Priester, J. Brand Attachment and a Strategic Brand Example [M]. In Handbook on Brand and Experience Management (editors Schmitt, B. H.; Rogers, D. L.), Edward Elgar Publishing Limited, Cheltenham, UK, 2008.

[161] Parish, J. T., Berry, L. L., & Lam, S. Y. The Effect of Physical Evidence on Service Workers [J]. Journal of Service Research, 2007, 10 (3): 220-238.

[162] Petros P., Christos A., Simon C. You'll Never Tweet Alone: Managing Sports Brands through Social Media [J]. Journal of Brand Management, 2015, 22 (7): 551-568.

[163] Pramod S., Jogendra K. N.. Understanding Memorable Tourism Experiences as the Determinants of Tourists' Behaviour [J]. International Journal of Tourism Research, 2019, 21 (4): 504-518.

[164] Raeisi S., Suhaili R. N. & Lingjie M. A Systematic Review of the Influence of Internal Marketing on Service Innovation [J]. Journal of Risk and Financial Management, 2020, 13 (9): 20-27.

[165] Reham S. E.. The Role of Trust in Understanding the Impact of Social Media Marketing on Brand Equity and Brand Loyalty [J]. Journal of Relationship Marketing, 2020, 19 (4): 287-308.

[166] Riadh L., Nizar S. & Béatrice D. The Role of Emotions in Utilitarian Service Settings: The Effects of Emotional Satisfaction on Product Perception and Behavioral Intentions [J]. Journal of Retailing and Consumer Services, 2017, 34 (1): 10-18.

[167] Saeed S., Brian R. Chabowski, G. & Tomas M. H. International Relationship Marketing: Intellectual Foundations and Avenues for Further Research [J]. Journal of International Marketing, 2015, 23 (4): 1-21.

[168] Schultz, D. E. The Marginalized Brand [J]. Marketing Management, 2004 (6): 185-203.

[169] Sebastian M., Yuksel E. & Arnold J. A Consumer-based Brand Performance Model for Assessing Brand Success [J]. International Journal of Market Research, 2019, 61 (1): 93-110.

[170] Sena O., Shijie Z., Suraksha G. & Gaye B. The Effects of Trust

and Peer Influence on Corporate Brand—Consumer relationships and consumer loyalty [J]. Journal of Business Research, 2020, 11 (7): 791-805.

[171] Shailendra P. J. & Traylor J. W. Consumer Psychology of Implicit Theories: A Review and Agenda [J]. Consumer Psychology Review, 2020, 3 (1): 60-75.

[172] Shanker, V., Azar, P., & Fuller, M. A Multicategory Brand Equity Model and Its Application at All State [J]. Journal of Marketing Science, 2008, 27 (4): 567-584.

[173] Sharma, P. Are Strong Brands a Source of Competitive Advantage in the Virtual World? In: Branding and Sustainable Competitive Advantage: Building Virtual Presence [J]. Business Science Reference, 2015 (1): 4-23.

[174] Sharon G., N. M., Patricia M., Hugh, O. Internal Branding-A Human Resoueces Perspective [M]. Canada: Canadian Marketing Association, 2015.

[175] Shuai Y., Yiping S., Sixing C., Xin X. Why are Customers Loyal in Sharing-economy Services? A Relational Benefits Perspective [J]. Journal of Services Marketing, 2017, 31 (1): 48-62.

[176] Sierra, J. J., Heiser, R. S., Williams, J. D., & Taute, H. A. Consumer Racial Profiling in Retail Environments: A Longitudinal Analysis of the iImpact on Brand Image [J]. Journal of Brand Management, 2010, 18 (1): 79-96.

[177] Subhadip R. Effects of Customer Experience Across Service Types, Customer Types and Time [J]. Journal of Services Marketing, 2018, 32 (4): 400-413.

[178] Sucheta N., Tianxu C. & Jianhong C.. The Clock is Ticking! Executive Temporal Depth, Industry Velocity, and Competitive Aggressiveness [J]. Strategic Management Journal, 2016, 37 (6): 1132-1153.

[179] Sumino, M. & Harada M. Affective Experience of League Fans: The Relationship between Affective Experience, Team Loyalty and Intention to Attend [J]. Managing Leisure, 2004 (10): 181-192.

[180] Sureshchander, G. S., Rajendran, C., & Ananthraman, R. N. Determinants of Customer Perceived Service Quality-A Confirmatory Factor Analysis Approach [J]. Journal of Service Marketing, 2000, 16 (1): 9-34.

[181] Swailes, S. Organizational commitment: A Critique of the Construct and Measures [J]. International Journal of Management Review, 2002 (2): 155-178.

[182] Tao Zhang, Junyu Chen, Baoliang Hu. Authenticity, Quality, and Loyalty: Local Food and Sustainable Tourism Experience [J]. Sustainability, 2019, 11 (12): 34-37.

[183] Terblanche, N. S. & Boshoff, C. The Relationship between a Satisfactory in-store Shopping Experience and Retailer Loyalty [J]. South African Journal of Business Management, 2006, 37 (2) : 33-43.

[184] Thomson, M. & Deborah, J. M. & C. W. The Ties That Bind: Measuring the Strength of Consumers' Emotional Attachments to Brands [J]. Journal of Consumer Psychology, 2005, 15 (1) : 77-91.

[185] Touzani, M. & Temessek, A. Brand Loyalty: Impact of Cognitive and Affective Variables [J]. Economics and Applied Informatics, 2009 (1): 227-242.

[186] Villarejo, R., Angel F., & Manuel, J. S. The impact of marketing communication and price promotion on brand equity [J]. Brand Management, 2005, 12 (6): 431-444.

[187] Kumar V. & Werner R. Creating Enduring Customer Value [J]. Journal of Marketing, 2016, 80 (6): 36-68.

[188] Weihua L., Xiaoyu Y., Xiang L. & Wanying W. The Impacts of Market Size and Data-driven Marketing on the Sales Mode Selection in an Internet Platform Based Supply Chain [J]. Transportation Research Part E, 2020, 13 (6): 101-114.

[189] WooHyuk K., Kristin M., NamJo K. & Seung Hyun, K. Destination Personality, Destination Image, and Intent to Recommend: The Role of Gender, Age, Cultural Background, and Prior Experiences [J]. Sustainability, 2017, 10 (1): 87-90.

[190] Woo J. C., Haoying S., Yan (Lucy) L., Haipeng (Allan) C. Guess Who Buys Cheap? The Effect of Consumers' Goal Orientation on Product Preference [J]. Journal of Consumer Psychology, 2020, 30 (3): 506-514.

[191] Xiaohui S., Pattarin C. Modelling Market Dynamics of Multi-brand

and Multi-generational Products [J]. European Journal of Operational Research, 2019, 279 (1): 199-210.

[192] Xin C., Zhen-feng C. & Gyu-Bae K. Make It Memorable: Tourism Experience, Fun, Recommendation and Revisit Intentions of Chinese Outbound Tourists [J]. Sustainability, 2020, 12 (5): 125-147.

[193] Yang J. T., Wan C. S. & Fu Y. J. Qualitative Examination of Employee Turnover and Retention Strategies in International Tourist Hotels in Taiwan [J]. International Journal of Hospitality Management, 2012, 31 (3): 837-848.

[194] Yoo, B., Donthu, N. Developing and Validating a Multidimensional Consumer-Based Brand Equity Scale [J]. Journal of Business Research, 2001 (52): 1-14.

[195] Yoo, B., Donthu, N. & Sungho, L. An Examination of Selected Marketing Mix Elements and Brand Equity [J]. Journal of Academy of Marketing Science, 2000, 28 (2): 195-211.

[196] Yuree L., Kyoung T. K. Afraid of the Stock Market [J]. Review of Quantitative Finance and Accounting, 2019, 53 (3): 773-810.

[197] Zaif Alexandra, Alina Elena Cerchia. The Influence of Brand Awareness and Other Dimensions of Brand Equity in Consumer's Behaviour: The "Affordable Luxury" Strategy [J]. Ovidius University Annals: Economic Sciences Series, 2018, 18 (1): 6-11.

[198] Zain A., Roland M. & Artur M. Leveraging Machine Learning to Deepen Customer Insight [J]. Applied Marketing Analytics, 2020, 5 (4): 304-311.

[199] Zanete G., Philip S. K. The Effects of Social Media Brand Personality on Brand Loyalty in the Latvian Banking Industry [J]. International Journal of Bank Marketing, 2019, 37 (6): 1480-1503.

[200] Zangaro, G. A. Organizational commitment: A concept analysis [J]. Nursing Forum, 2001 (2): 14-22.

[201] Zarlish S., Tehmeena H., & Fareeha Z. The Impact of Brand Awareness on the Consumers' Purchase Intention [J]. Journal of Accounting Marketing, 2017, 6 (1): 224-245.

[202] Zeren D., Kara A. Effects of Brand Heritage on Intentions to Buy of Airline Services: The Mediating Roles of Brand Trust and Brand Loyalty [J]. Sustainability, 2020, 13 (1): 303-305.

[203] Zhang S. K., Peng M. Yaoping, P., Zhang Y., Guoying, R. & Chen C. C. Expressive Brand Relationship, Brand Love, and Brand Loyalty for Tablet PCs: Building a Sustainable Brand [J]. Frontiers in psychology, 2020, 11 (1): 231-245.

[204] Zhang Y., Xiong Y., & Lee T. J. A Culture-oriented Model of Consumers' Hedonic Experiences in Luxury Hotels [J]. Journal of Hospitality and Tourism Management, 2020, 45 (1): 399-409.

[205] Zhao X. Impact of Brand Loyalty on Sportswear Customers-A Case Study of adidas [J]. International Core Journal of Engineering, 2019, 5 (9): 148-152.

[206] Zheltauova G., Sang-Lin H. Labeling and Customer Loyalty [J]. Asia Marketing Journal, 2019, 20 (4): 65-94.

[207] Zoe L., Jonn A. Inger M. & Christine K. What Does Tesla Mean to Car Buyers? Exploring the Role of Automotive Brand in Perceptions of Battery Electric Vehicles [J]. Transportation Research, 2019, 129 (1): 185-204.

[208] Zyeinyelkhaan K. The Influence Factors of Brand Loyalty: Mobile Phone Industry [J]. American Journal of Industrial and Business Management, 2018, 8 (6): 86-108.

[209] Aaker D. A., Keller Kevin Lane. Consumer Evaluations of Brand Extensions [J]. Journal of Marketing, 1990, 54 (1): 27-41.

[210] Adrian. Are You Lending Your Customers Money? [J]. MHD Supply Chain Solutions, 2010, 40 (4): 14-14.

[211] Ambler, C. B. Bhattacharya, J., Kevin L. Keller, K. N. Lemon, V. M. Relating Brand and Customer Perspectives on Marketing Management [J]. Journal of Service Research, 2002, 5 (1): 13.

[212] Arnould, E. J, Linda L. P. River M. Extraordinary Experience and the Extended Service Encounter [J]. Journal of Consumer Research, 1993, 20 (1): 24-45.

[213] Bartels, R. V. R. C. F. Churchill. Resolution of Boundary Problems

by the Use of a Generalized Convolution [J]. Bulletin of the American Mathematical Society, 1942, 48 (4): 5-11.

[214] Craig B., Jerry H., Declan L. Realising the Ecosystem-service Value of Native Woodland in Ireland [J]. New Zealand Journal of Forestry Science, 2014, 44 (1): 73-85.

[215] Edward S. Modeling Metropolitan Economies for Forecasting and Policy Analysis [J]. American Political Science Review, 1986, 80 (4): 91-92.

[216] Frederich E. W. Understanding the Relationships among Brands, Consumers, and Resellers [J]. Journal of the Academy of Marketing Science, 2000, 28 (1): 17.

[217] Heilbrunn J. American Marketing Association Marketing Encyclopedia: Issues and Trends Shaping the Future [M]. Chicag IL: NTC Business Books, 1995, 13 (4): 59-65.

[218] Joël V. D. , Brodie, R. J., Redmore, D. Brand Equity in Cooperative Business Relationships: Exploring the Development of a Conceptual Model [J]. Marketing Theory, 2003, 3 (1): 37.

[219] John G. What Is a Case Study and What Is It Good for? [J]. The American Political Science Review, 2004, 98 (2): 341-254.

[220] Kathleen M. E. Making Fast Strategic Decisions in High-Velocity Environments [J]. The Academy of Management Journal, 1989, 32 (3): 543-576.

[221] Langacker R W. Foundations of Cognitive Grammer: Descriptive Application [M]. Peking University Press, 1991: 5-10.

[222] Martin D., Nettleton S. Drawing Atmosphere: A Case Study of Architectural Design for Care in Later Life [J]. Body & amp; Society, 2020, 26 (4): 1-5.

[223] Md Shidur R. The Advantages and Disadvantages of Using Qualitative and Quantitative Approaches and Methods in Language "Testing and Assessment" Research: A Literature Review [J]. Journal of Education and Learning, 2016, 6 (1): 102-112.

[224] Mohammad M. M., Elham, K. Using of FAHP and Fuzzy TOPSIS

Techniques for prioritising of Iranian Banks to Customer Relationship Management Factors [J]. International Journal of Mathematics in Operational Research, 2017, 11 (3): 55-62.

[225] Monroe, F. Agreement Between Product Ratings Generated by Different Consumer Testing Organizations: A Statistical Comparison of Consumer Reports and Which? from 1957 to 1986 [J]. The Journal of Consumer Affairs, 1990, 24 (1): 115-123.

[226] Morhart F. M., Herzog W., Tomczak, T. Brand-Specific Leadership: Turning Employees into Brand Champions [J]. Journal of Marketing, 2009, 73 (5): 58-72.

[227] Morris A. Copeland. A Critique of Economics. O. Fred Boucke [J]. Morris A. Copeland, 1923, 31 (6): 7-15.

[228] Nigel F. P. Customer Satisfaction and the Internal Market: Marketing our Customers to our Employees [J]. Journal of Marketing Practice: Applied Marketing Science, 1995, 1 (1): 33-46.

[229] Ogawa, R. T. & Malen, B. Towards Rigor in Reviews of Multivocal Literatures: Applying the Exploratory Case Study Method [J]. Review of Educational Research, 1991, 61: 265-286.

[230] Orzan, G. , Platon O. E. , Stefănescu, C. D. Conceptual Model Regarding the Influence of Social Media Marketing Communication on Brand Trust, Brand Affect and Brand Loyalty [J]. Economic Computation and Economic Cybernetics Studies and Research, 2015 (50): 66-73.

[231] Peter F., Roger G., Martyn H. Case Studies as Spurious Evaluations: The Example of Research on Educational Inequalities [J]. British Journal of Educational Studies, 2000, 48 (3): 102-110.

[232] Pine, B. Markets of One: Creating Customer-Unique Value through Mass Customization. [M]. Harvard Business School Press , 2000: 39-45.

[233] Raval, D. A. , Grönroos, C. The Value Concept and Relationship [J]. European Journal of Marketing, 1996, 30 (2): 19-30.

[234] Kumar, P., Johnrajan, A. Customer and Manufacturer Benefit—A Strategic Analysis of Wind Industry Supply Chain [J]. Journal of Computational and Theoretical Nanoscience, 2016, 13 (12): 134-140.

[235] Rust R. T., Zeithaml L. Return on Marketing: Using Customer Equity to Focus Marketing Strategy [J]. Journal of Marketing, 2004, 68 (1): 109-127.

[236] Sandra, J. M., Glynn, M. A Conceptualization of the Employee Branding Process [J]. Journal of Relationship Marketing, 2004, 3 (2-3): 22-30.

[237] Tucker B. This is destined to be a grand slam [J]. Crains Cleveland Business, 1996 (4): 55-63.

[238] Ulrich R. Orth, M. M., Tom S., Kannapon L. Promoting brand benefits: the role of consumer psychographics and lifestyle [J]. Journal of Consumer Marketing, 2004, 21 (2): 66-75.

[239] Varki S., Colgate M. The Role of Price Perceptions in an Integrated Model of Behavioral Intentions [J]. Journal of Service Research, 2001, 3 (3): 232-240.

[240] Yin, R. K. Case Study Research: Design and Method (3rd ed) [M]. Thousand Oaks, CA: Sage, 2003.

[241] Zeithaml, V. A. How Consumer Evaluation Processes Differ for Products and Services [C]. American Marketing Association First Services Marketing Conference, 1981.

附　录

消费者感知价值对其购买意愿的影响研究
——基于对新能源汽车购买者的调查*

王丹丹　白宇佳　谢　宇　高　晨

[摘要] 在补贴退坡的背景下，如何扩大新能源汽车的需求市场成为新能源汽车继续发展的关键。本文以天津市消费者为调研对象，通过实证调查，研究消费者对新能源汽车的感知价值（包括功能价值、情境价值、情感价值和社会价值）以及人口学特征对其购买新能源汽车意愿的影响。研究结果表明，社会价值、情感价值、功能价值和情境价值均对消费者关于新能源汽车的购买意愿存在正向影响，其中功能价值的影响最大，情境价值仅次于功能价值；社会价值与情感价值对消费者购买意愿的影响效果还有待提高；在人口学变量中，性别和收入水平对消费者感知价值及购买意愿之间的关系有显著的调节作用，女性的感知价值与购买意愿相对于男性明显较高；收入水平对顾客感知价值与购买意愿有显著正向影响；受教育程度对感知价值具有显著的差异性，但其对购买意愿不存在显著的差异性；年龄对感知价值和购买意愿均不存在显著的差异性。本文建议在增强基础设施建设的同时，重视消费者体验所带来的情境价值。在此前提下，

* [作者简介] 王丹丹，天津财经大学国际工商学院讲师，管理学博士，应用经济学博士后，加拿大康考迪亚大学访问学者，主要研究方向：企业可持续发展与社会责任。白宇佳，天津财经大学国际工商学院本科生。谢宇，天津财经大学金融学院本科生。高晨，天津财经大学会计学院本科生。

[基金项目] 天津市教委科学科研计划项目“群发性信任危机下消费者对绿色产品重购意愿的形成机制研究”（2020SK112）。

加强新能源汽车的环保标识性、拓宽新能源汽车产品的个性与多样性，通过优先锁定具有较高购买意愿的人群，突破补贴退坡背景下推广新能源汽车应用的瓶颈。

[**关键词**] 退坡补贴；新能源汽车；消费者感知价值；消费者购买意愿

一、问题提出

中国是世界上第一个也是唯一一个将新能源汽车产业列为战略的国家。《中国制造 2025》指出，新能源汽车是未来 30 年我国大力推动突破发展的十大重点领域之一。新能源汽车取得的长足发展离不开政府的大力推广和支持，补贴政策的实施则是新能源汽车爆发式增长的直接原因。截至 2019 年 3 月底，包括财政部在内的四部委联合发布了《关于进一步完善新能源汽车推广应用财政补贴政策的通知》，敲响了 2020 年全面取消新能源汽车补贴政策倒计时的警钟。在补贴退坡的背景下，2019 年不论是乘用车还是客车行业，补贴退坡幅度均超过 50%，最高补助仅为 2018 年的一半。除了降低基础补贴金额，2019 年补贴政策还提高了整个新能源汽车的补贴技术指标门槛。自 4 月退坡政策"过渡期"开始以来，已有车企表现出补贴调整后的销量下降趋势。以北汽新能源为例，根据北汽蓝谷发布的产销数据显示，北汽新能源 2019 年 4 月产量为 578 辆，环比下降 73. 8%，同比下降 94. 19%，4 月销量为 5009 辆，环比下降 71. 5%，同比下降 50. 1%，新政策对其产销量的影响较为严重。财政补贴作为新能源汽车推广政策的主要原理是通过降低消费者购买和使用的成本，进而拉动新能源汽车市场的消费需求，但新能源汽车本身相较于传统汽车的特色优势并不明显，对大多数消费者而言是没有使用过的产品，存在有关技术不成熟、相应配套基础设施不完善和大众对其存在一定的不信任以及观望情绪等问题。在取消财政补贴的背景下，如何促进新能源汽车市场的成熟，已经成为业界和学术界关注的重点。而新能源汽车市场的形成取决于供给和需求两方，如何最大程度地激发消费者的需求，是构建一个活跃度、可持续的新能源汽车市场的关键。根据这一实际情况，本文认为新能源汽车市场未来发展的关键除了进一步成熟技术外，还应充分研究消费者对于新能源汽车的感知价值，在对如何提高消费者购买新能源汽车的积极性上进行深入研究。基于这样的考虑，本文将研究重点放在消费者对新能源汽车的购买意愿上，集中考察消费者的人口统计特征以及消费者关于新能源汽车的感知价值对于消费者购买意愿的影响，通过实证调查的方式获取真实的消费者购买意愿的数据，从消费者角度，力图为政府政策、企业产品设计以及营销策略的调整提供依据。

目前，国内外有关影响消费者购买新能源汽车因素的研究有很多，但从消费者感知的视角出发，研究消费者购买意愿的研究文献并不多。已有文献主要都集中在与政府推广政策相关的视角，例如，殷正远和王方华（2013）通过研究发现消费者对政府相关补贴政策和对国家推广新能源汽车重要程度的判断均对消费者购买意愿有显著预作用；曹霞等（2018）指出，消费者会在政府推广政策的引导下权衡得失并实施消费行为，但由于消费者对新能源汽车的满意度与政府期望之间存在偏差，导致实际推广量与计划推广量之间存在较大差距；黄恬恬等（2019）将消费促进政策分为“购买”和“使用”两个环节的政策，研究得到“购买”环节政策实施效果与城市居民消费能力呈反比，与城市交通承载压力呈正比，“使用”环节政策的实施效果与城市消费能力和交通承载压力均成正比。以上文献均从推广政策实施效果对消费者购买意愿产生影响的角度，来研究新能源汽车需求市场如何通过政策手段进行扩张，但在补贴退坡的背景下，这一研究视角决定了这些文献难以回答如何从消费者主观的感知价值角度出发，解决消费者对新能源汽车的利得与利失的权衡问题。

如果从消费者的主观选择角度出发梳理文献，则可以发现消费者态度、周围环境和技术因素均对消费者的购买意愿存在影响：徐国虎和许芳（2010）首先通过小组访谈的形式形成新能源汽车购买决策的影响因素的初步问卷，向驾校学员和4S店客户发放问卷得到数据，采用主成分分析法分析后得到售后服务因子、购置成本因子、汽车品质因子、使用能耗因子和周围影响因子会对新能源汽车购买决策产生影响，且城市居民对新能源汽车的认知程度比较高并具有一定购买意愿，但普遍没有转化为实际购买行为；王月辉和王青（2013）以北京市为例，基于技术接受模型和计划性为理论，结合新能源汽车特有的购买行为，构建居民购买新能源汽车意向影响因素理论模型，通过问卷调查得到购买态度、主观规范以及知觉行为控制是影响北京居民能源汽车购买意愿的关键因素，且感知有用性和感知易用性对居民的购买行为有积极影响；满媛媛和尹姝月（2015）通过问卷调查发现：在主观方面，新能源汽车应满足消费者的环保需求、使用新技术需求以及对新能源汽车体验了解的需求；在客观方面，新能源汽车需要满足消费者对汽车性能、安全性、价格实惠、驾驶舒适、服务专业、良好口碑以及政府鼓励等要求。以上研究主要通过问卷调查的方式，直接研究影响消费者对新能源汽车购买意愿的具体因素，虽然详细但存在一定程度不全面的问题，而顾客感知价值模型可以较好地将具体影响因素进行分类整理，通过引入感知价值模型使研究覆盖的影响内容更全面。

近年来，国内也有一些学者使用顾客感知价值模型对汽车购买意愿的问题进行研究：王宗水等（2015）从家用汽车产品质量感知、质量服务感知、品牌价值感知、绿色价值感知和价格感知五个方面构建顾客感知价值五要素模型，研究得到产品质量感知、服务质量感知、品牌价值感知和绿色价值感知与顾客感知价值呈正相关关系，顾客对品牌价值、服务质量和绿色价值的感知对感知价值的影响略高于对产品质量的感知；赵敏等（2018）引入服务价值、便利价值和认知价值拓展了顾客感知价值模型，得到服务价值、便利价值和价格价值是影响消费者对新能源汽车租赁的关键因素，质量价值、情感价值和社会价值对其有正向影响。通过以上研究可以发现，通过引入不同维度的价值构建感知价值模型的方式，可以对影响消费者购买意愿的影响因素进行高度概括和全面表达。但由于从顾客感知价值角度研究消费者关于新能源汽车购买意愿影响因素的文献较少，因此从这个角度进行研究还有很大空间和机会。

基于以上考虑，本文以天津市消费者为调研对象，在梳理前人有关研究的基础上，通过问卷调查的方法获取数据，运用 AMOS21.0 构建结构方程模型并进行拟合优度检验，探究顾客感知价值对新能源汽车购买意愿的影响路径。从这一视角来看，与本文最相关的国内文献主要有：李明来和王雪芸（2018）以武汉市为例，从产品及相关因素、消费者了解程度和政府推广对消费者购买意愿影响的角度出发，通过问卷调查收集数据并使用结构方程模型对消费者关于新能源汽车的购买意愿进行路径分析；翟帆（2019）同样使用问卷调查的方法，将顾客感知价值分为感知价格价值、感知质量价值和感知认可价值，将调节因素分为环保意识和政府政策，使用结构方程模型分析两者对消费者购买新能源汽车意愿的影响。而本文与以上文献的差别主要在于：①创造性地引入情境价值，以我国目前特有的新能源汽车体验环境为基础，研究我国新能源汽车购买意愿的影响因素；②引入人口统计学变量作为调节因素，对企业在营销过程中针对不同特征群体采用不同销售策略提供一定的研究支持。

二、理论分析

1. 顾客感知价值与购买意愿

顾客感知价值来源于 Poter 教授于 1985 年提出的竞争优势思想，在营销领域中具有重要地位，被视为企业竞争力的重要组成部分。白长虹（2001）指出顾客价值是由顾客而不是供应企业决定的，顾客价值实际上就是顾客感知价值（Customer Perceived Value，CPV）。目前关于感知价值的概念界定，Zeithaml 将顾客感知价值定义为顾客在获取商品或服务的过程中，顾客所能感知到的利得与其在获取商品或服务时所付出的成本进行权衡后对商品或服务效用的整体评价。换言之，顾客感知价值就是消费者对付出和得到的权衡。同时其将顾客感知价值细分为四种含义：①较低的价格；②满足顾客的需要；③付出金钱所获得的质量；④利得与利失的权衡（Zeithaml，1988）。在此后的研究中，许多学者都以 Zeithaml 的理论为基础，进行了更深入的研究。Monroe（1991）通过研究得到，顾客的感知价值代表了他们从产品或服务中得到的质量或利益，是与相对于顾客通过支付价格而感知到的付出之间的一种权衡。Anderson、Jain、Chintagunta（1993）提出顾客在与供应商交易的过程中，通过支付货币的形式获取一系列的经济、技术、服务和社会利益，即通过货币的形式衡量得到的感知价值。以上学者都是从单个情境的角度出发对顾客感知价值进行定义，还有学者从关系的角度对顾客感知价值进行了研究。Gronroos（2000）认为顾客感知价值的过程是关系营销的起点和重点，关系营销应该为顾客和其他各方参与者创造出比单纯交易营销获得的更大价值。Woodruff（1997）更是将使用情景引入了顾客感知价值，他提出顾客感知价值是顾客在特定使用情景下对有助于（有碍于）实现自己目标和目的的产品属性、这些属性的实效以及使用的结果所感知的偏好与评价，将产品、使用情景和以目标为导向的顾客所经历的结果相联系，是相较于竞争企业的产品或服务的比较过程。

鉴于上述学者对感知价值的概念界定，本文将顾客感知价值分为社会价值、情感价值、功能价值、情境价值四个维度。其中，社会价值是指顾客从产品或服务中获取的社会效用，指得到社会认同或增强自我概念，包含了顾客与自然、顾客与他人之间的双重关系效用。使用新能源汽车，不仅显示了消费者的环境保护意识，还可以树立一个良好的社会形象。情感价值指的是顾客从产品或服务中获得的情感效用。作为新能源汽车的使用者，全新技术等优待措施可以给消费者带来新奇和愉悦的感受。功能价值是指产品质量、性能方面的效用。新能源汽车的功能价值包括价格、电池寿命等组成成分，电力电池的环保创新性和环保性有助于满足消费者的功能需求。

在已有的新能源汽车购买意愿影响因素的研究中，关于情境价值的研究文献并不多，且缺少对我国情境的具体探讨。杨晓燕（2006）指出，情境价值是顾客感受到特定环境带来的价值。例如，在环境优雅的酒店进餐时，安全、洁净、私密的体验有助于提高消费者的感知价值，进而使其产生下次再来的意愿，对消费者的行为倾向产生影响。而国家为发展新能源汽车出台了大量的补贴政策，随着新能源公交车的普及以及共享新能源汽车的出现，消费者体验新能源汽车的机会增多，新能源汽车加速快、不限号、行驶过程安静等优点，可能会通过消费者的体验，增加消费者对新能源汽车的好感，进而增大消费者购买的可能性。

而顾客感知价值对消费者的行为倾向有直接影响也已经得到较为充分的研究支持：Zeithaml（1988）通过实证研究得到，消费者对产品或服务的感知价值越高，则消费者对产品或服务的购买意愿就越强烈；Parasuraman（1997）指出，顾客感知价值是顾客回购意向最重要的指标；Grisaffe 和 Kumar（1998）根据研究结果指出，感知价值会直接导致两种行为的产生——顾客可能向他人推荐或顾客可能会进行重复购买；Grewal（1998）和 Sweeney（1999）通过研究得到，顾客对于价值的感知将直接影响其购买意愿；Lapierre（2000）通过研究得到，消费者的购买意愿受众多因素的影响，其中顾客感知价值对其有显著的正向影响；翟帆（2019）基于结构方程模型进行实证分析，得到感知价值对消费者购买新能源汽车有正向影响。由此可见，顾客感知价值确实是判断消费者购买意愿的重要方法。因此，本文将感知价值作为衡量消费者购买意愿的工具。提出假设 H1：

H1：感知价值对消费者关于新能源汽车的购买意愿存在正向影响。

在梳理前人有关顾客感知价值维度的研究并结合新能源汽车自身特点的情况下，将顾客感知价值分为四个维度，提出如下假设：

H1a：社会价值对顾客购买意愿有正向影响。

H1b：情感价值对顾客购买意愿有正向影响。

H1c：功能价值对顾客购买意愿有正向影响。

H1d：情境价值对顾客购买意愿有正向影响。

因此，本文以新能源汽车行业为例，从社会价值、情感价值、功能价值和情境价值四个方面构建影响顾客感知价值模型，分析影响消费者购买意愿的主要因素，探索其对新能源汽车感知价值的影响以及不同要素影响的差异。

2. 人口学特征

在对顾客感知价值的研究中，需要特别指出的是，人口统计特征对消费者的购买意愿和感知价值的调节作用。Zeithaml（1988）确定顾客感知价值与买方的个人特点和所考虑的产品相关。例如，产品的功能价值和社会价值总是因为消费者的人口统计特征的不同而不同，如性别、年龄和社会阶层（Henry，2002；Williams，2002；Creusen，2010）。而购买混合动力汽车的人与其他汽车购买者相比确实表现出不同的人口统计特征（Newman，2005；Peters & Train，2006）。总体来说，研究表明，女性、年龄更大、受教育程度更高的人更愿意购买混合动力汽车（Brownstone，Bunch & Train，2000；Ong & Hasselhoff，2005；Scarborough Research，2007；Erdem，Sentürk & Simsek，2010）。因此，了解消费者的人口统计学特征对消费者购买意愿和顾客感知价值的影响，可以为产品的设计和营销策略的制定，提供丰富的信息。

本文选择了有关绿色产品消费中经常出现的四个人口统计学因素：性别、年龄、受教育程度和收入水平（Davies，Titterington & Cochrane，1995；Diamantopoulos，2003；Radman，2005）。通过这四个变量来探讨人口统计学因素在顾客感知价值和购买意愿之间发挥的调节作用。就性别而言，Wandel和Bugge（1997）提出女性相较于男性，更愿意购买环保产品；Stern（1993）和Lee（2009）均发现女性相较于男性来说更具有环保意识；并且因为女性在社交中相较于男性更有利他倾向，因此更有可能表现出热爱环境的态度和行为，更具社会责任感（Zelezny，Chua & Alrich，2000；Dietz，Kalof & Stern，2002）。就年龄而言，Henry（2002）发现，消费者对产品的象征性的重视程度随着年龄的增长而逐渐降低；Scott、Willits（1994）和Roberts（1996）都发现年龄较大的人往往比年轻一些的人更注重环保。就收入水平和受教育程度而言，Jain、Kaur（2006）的研究结果中显示，收入水平和受教育程度与消费者对绿色产品的需求呈正相关关系；Henry（2002）和Williams（2002）都提出受过高等教育和收入水平更高的人对产品的社会价值更为关注；并且受教育程度高的人更愿意购买环保产品和从事环保行为（Granzin & Olsen，1991；Zimmer，Stafford，1994；Roberts，1996；Newell & Green，1997；Jain & Kaur，2006）；此外，因为大多数绿色产品都比传统产品更贵，收入和个人资产也是支持环保事业的重要驱动因素（Straughan & Roberts，1999；Awad，2011）。

因此，本文引入性别、年龄、受教育程度和收入水平作为调节变量，提出假设2：

H2：具有不同人口统计特征的消费者的感知价值和对新能源汽车的购买意愿存在差异。

H2a：消费者的感知价值和购买意愿由性别调节。

H2b：消费者的感知价值和购买意愿由年龄调节。

H2c：消费者的感知价值和购买意愿由收入水平调节。

H2d：消费者的感知价值和购买意愿由受教育程度调节。

综上所述，本文将以顾客感知价值理论为研究基础，将顾客感知价值分为四个维度构建顾客感知价值模型，探讨顾客感知价值对消费者购买新能源汽车意愿的影响路径；同时将人口统计变量分为性别、年龄、收入水平和受教育程度四个方面作为调节变量，研究顾客人口统计学特征对消费者感知价值和购买意愿的调节作用（见图1）。通过问卷调查的方式获得数据，采用结构方程模型进行实证分析，得到研究结论，并为相关企业的产品设计以及政府和企业的营销推广提供一些建议。

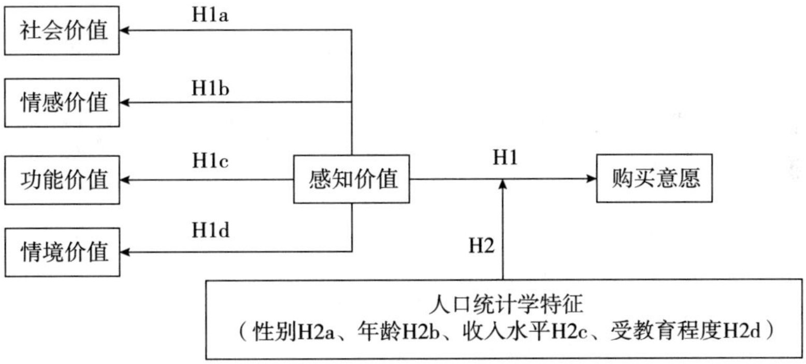

图1　本文的理论模型

资料来源：作者绘制。

三、研究设计和数据分析

1. 研究方法

本文采用问卷调查方法进行展开，为达到研究目的，并且保证问卷内容的有效性，本次问卷设计过程包括初步设计、预测试、修改定稿三个阶段，内容包括消费者的基本个人信息、感知价值、对新能源汽车的购买意愿三个方面的问题。作者采用 Likert 五分量表，划分为非常同意、比较同意、一般、不太同意和完全不同意五个量级，分值依次从 5 分到 1 分。

2. 变量测量

本文基于消费者的感知价值对新能源汽车购买意愿的影响，通过社会价值、情感价值、功能价值、情境价值来测量消费者的感知价值；本文的人口统计学特征采用性别、年龄、教育程度、收入水平进行衡量。

3. 数据来源与收集

本次问卷分为线上发放和线下发放两部分，从预测试到录入全部数据历时三个月，线下发放主要集中在天津市大型车展和两家规模较大的驾校内进行，邀请被调查对象自愿接受调查，实际发放问卷 351 份，回收问卷 342 份，其中有效问卷 320 份，有效率达 91.17%，调查结果令人满意。

本文主要利用描述性统计方法对问卷数据进行分析。消费者基本资料统计见表 1。

表 1　消费者基本资料统计

变量	问项	数量（份）	百分比（%）	变量	问项	数量（份）	百分比（%）
性别	男（M）	191	59.69	受教育程度	高中及以下	15	4.69
	女（F）	129	40.31		大专	34	10.63
年龄（岁）	20~24	124	38.75		本科	247	77.19
	25~29	81	25.31		硕士	21	6.56
	30~34	86	26.88		博士及以上	3	0.94
	35~39	17	5.31	收入水平（元）	8 万及以下	115	35.94
	40~49	7	2.19		8 万~30 万	164	51.25
	50~60	5	1.56		30 万~100 万	39	12.19
					100 万	2	0.63

资料来源：作者绘制。

4. 信度分析

为了测试研究假设的准确性，作者先对回收的调查问卷进行统计分析。作者使用 SPSS24.0 对问卷进行了信度分析，通过 Cronbach α 系数检验信度，表 2 为变量的信度分析结果。从表 2 可以看出，可靠性指标均高于 0.8，且整体 α 系数达到 0.917，表明该问卷的可靠性较高，问卷整体质量很好。

表 2 变量的信度分析结果

因子名称	社会价值	情感价值	功能价值	情境价值	购买意愿	整体
Cronbach α 系数	0.901	0.889	0.897	0.898	0.909	0.917

资料来源：作者利用 SPSS 软件计算。

5. 效度分析

对于问卷的结构效度，作者采用因子分析法对问卷进行检验，利用主成分分析法提取因子进行因子分析，使用 KMO 检验和 Bartlett 球体检验。KMO 的值为 0.753，大于 0.5；Bartlett 球体检验的显著性概率 P 值为 0.000，小于 0.05，这表明问卷具有结构效度，数据适合做因子分析。结合表 3 可以看出，感知价值提出公因子 4 个，总解释方差为 71.694%，结果超过 70%，说明自变量的测量是有效的。旋转后的成分矩阵如表 4 所示。

四、模型及其路径分析

1. 结构方程模型分析

根据前期文献综述及研究假设验证需要，本文构建研究结构方程模型，顾客满意度结构方程模型如图 2 所示。

表 3 影响因素对新能源汽车购买决策的方差贡献率

总方差解释						
成分	初始特征值			旋转载荷平方和		
	总计	方差贡献率（%）	累计（%）	总计	方差贡献率（%）	累计（%）
1	3.688	30.736	30.736	2.765	23.045	23.045
2	1.814	15.115	45.85	2.24	18.67	41.715

续表

总方差解释						
成分	初始特征值			旋转载荷平方和		
	总计	方差贡献率（%）	累计（%）	总计	方差贡献率（%）	累计（%）
3	1.764	14.699	60.55	2.008	16.731	58.446
4	1.337	11.144	71.694	1.59	13.248	71.694
5	0.597	4.978	76.672			
6	0.539	4.489	81.16			
7	0.527	4.388	85.549			
8	0.441	3.671	89.22			
9	0.389	3.243	92.463			
10	0.345	2.873	95.336			
11	0.317	2.638	97.974			
12	0.243	2.026	100			

资料来源：作者利用 SPSS 软件计算。

表 4　旋转后的成分矩阵

维度	测量题项	成分			
		1	2	3	4
社会价值	Q12				0.849
	Q13				0.880
情感价值	Q14			0.851	
	Q15			0.815	
	Q16			0.759	
功能价值	Q17	0.749			
	Q18	0.802			
	Q19	0.878			
	Q20	0.809			
情境价值	Q21		0.844		
	Q22		0.868		
	Q23		0.827		

资料来源：作者利用 SPSS 软件计算。

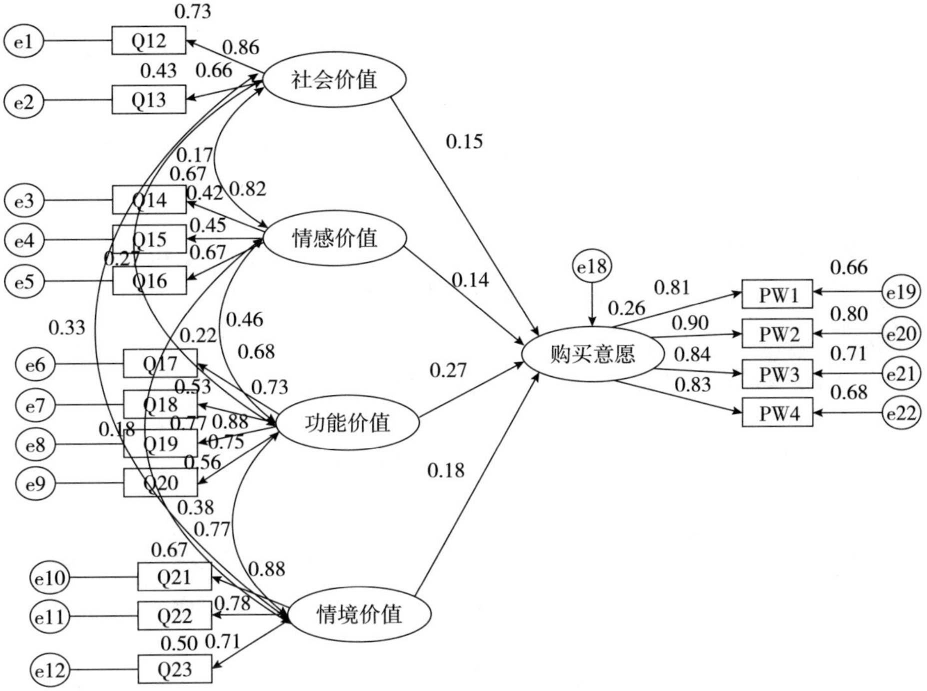

图 2　顾客满意度结构方程模型图

注：数值为标准路径系数。

资料来源：作者使用 Amos 绘制。

本文采用 Amos21. 0 版软件对收集的数据进行结果方程模型运算，并对运行结果进行整理分析，模型拟合情况结果如表 5 所示。

表 5　模型整体拟合优度分析表

适配度检验指标	理想标准	一般标准	模型结果	结论
CMIN/DF	1～3	越小越好	1. 5902	良好
RMSEA	<0. 08	<0. 1	0. 0430	良好
RMR	<0. 08	<0. 1	0. 0510	良好
GFI	>0. 90	>0. 8	0. 9460	良好
CFI	>0. 90	>0. 8	0. 9756	良好

续表

适配度检验指标	理想标准	一般标准	模型结果	结论
IFI	>0.90	>0.8	0.9759	良好
PNFI	>0.50		0.7345	良好

资料来源：作者使用 Amos 整理。

表 5 结果显示，卡方自由度比值为 1.5902<3.000，表示模型是适配度良好。再从其他适配度指标看，所有指标均表现良好，总体上模型拟合情况较佳，说明假设理论模型与实际数据之间契合较高，模型结果较有说服力。对上述数据进行进一步整理，结构如表 6 所示。

表 6　模型标准路径系数表

路径关系			标准路径系数	标准误差	C. R.	显著性 P
购买意愿	←	社会价值	0.1550	0.0800	2.2166	0.0266
购买意愿	←	情感价值	0.1446	0.0742	2.3068	0.0211
购买意愿	←	功能价值	0.2658	0.0909	3.9922	***
购买意愿	←	情境价值	0.1817	0.0734	2.7472	0.0060

注：*** 表示 P 值小于 0.001；显著性水平为 0.05。
资料来源：作者使用 Amos 整理。

由表 6 可知，感知价值的各方面社会价值、情感价值、功能价值、情境价值均对消费者关于新能源汽车的购买意愿存在正向影响，因此感知价值对消费者关于新能源汽车的购买意愿存在正向影响，同时由标准影响系数可知，功能价值的影响最大。从图 2 可以发现，对于新能源汽车的购买意愿，功能价值>情境价值>社会价值>情感价值。这表明，对于消费者而言，他们更关注新能源汽车的功能性和体验感，这说明消费者更重视新能源汽车的技术、性能方面的因素。同时，对于新能源汽车的体验相较于传统汽车具有不同之处，因此积极正面的体验感也会增加消费者对于新能源汽车的购买意愿，而对于消费者而言，购买新能源汽车带来的社会群体对其自身的看法与自身相关的情感价值，消费者并不是很看重。

2. 人口统计变量的调节作用

（1）受访者基本信息：从表 1 中数据可以看出：①大部分受访者年龄

在 20~40 岁；②学历多为本科及以上学历，受访者的受教育程度较高；③受访者的家庭收入水平 30 万元以下，具有地域性，符合天津市的收入水平。从总体基本信息来看，该样本属于天津市具有购车能力的群体。

（2）人口统计变量的调节作用分析：作者采用单因素方差分析来检验人口统计变量对消费者的感知价值与购买意愿的调节作用，分析结果如表 7 所示，从而分析出不同个体差异的消费者在感知价值与购买意愿上是否存在显著性差异。

表 7 人口统计变量对消费者的感知价值与购买意愿的单因素方差分析

变量名称	感知价值			购买意愿		
	F 值	P 显著性	结论	F 值	P 显著性	结论
性别	7. 267	0. 007	有影响	8. 557	0. 004	有影响
年龄	1. 341	0. 134	无影响	0. 590	0. 944	无影响
收入水平	4. 798	0. 003	有影响	2. 868	0. 037	有影响
受教育程度	3. 229	0. 013	有影响	1. 658	0. 16	无影响

资料来源：作者使用 SPSS 整理。

单因素方差分析结果显示，性别、收入水平两个人口统计变量对感知价值与购买意愿均具有显著的差异性（P<0. 05）。因此假设 2a（性别）、假设 2c（收入水平）得到了验证；受教育测程度对感知价值具有显著的差异性（P<0. 05），但其对购买意愿不存在显著的差异性。因此，假设 2d（受教育程度）得到了部分验证；而年龄对感知价值和购买意愿均不存在显著的差异，因此，假设 2b 不成立。

作者对性别、收入水平两个人口统计变量对感知价值与购买意愿的调节作用进行了深入研究，研究结果见表 8 与表 9。

表 8 性别对感知价值和购买意愿的单因素方差分析

		N	均值	标准差	F 值	P 显著性
感知价值	女 F	191	3. 2771	0. 5115	7. 267	0. 007
	男 M	129	3. 1059	0. 6184		
	总数	320	3. 2081	0. 5624		

续表

		N	均值	标准差	F 值	P 显著性
购买意愿	女 F	191	4.1034	0.8956	8.557	0.004
	男 M	129	3.7616	1.1920		
	总数	320	3.9656	1.0373		

资料来源：作者使用 SPSS 整理。

表 9　收入水平对感知价值和购买意愿的单因素方差分析

		N	均值	标准差	F 值	P 显著性
感知价值	8 万元及以下	3.0942	0.5631	4.798	0.003	3.0942
	8 万～30 万元	3.2221	0.5148			3.2221
	30 万～100 万元	3.4658	0.6717			3.4658
	100 万元	3.5833	0.1179			3.5833
	总数	3.2081	0.5624			3.2081
购买意愿	8 万元及以下	3.7826	1.1183	2.868	0.037	3.7826
	8 万～30 万元	4.0091	1.0163			4.0091
	30 万～100 万元	4.2885	0.7812			4.2885
	100 万元	4.6250	0.1768			4.6250
	总数	320	3.9656	1.0373		

资料来源：作者使用 SPSS 整理。

由分类均值统计结果可知，女性的感知价值与购买意愿相对男性明显较高；收入水平越高的群体，其感知价值与购买意愿明显较高。通过此分析，性别、收入水平对消费者的感知价值以及购买意愿的影响有显著的差异性。因此，新能源汽车企业在针对消费者展开营销活动时，应该考虑到消费者性别和收入水平的差异对购买意愿的影响。

五、结论与建议

1. 研究结论

当前，在我国新能源汽车补贴退坡的背景下，本文从需求侧入手，探讨感知价值以及各分变量对消费者购买新能源汽车意愿的影响路径和关系，同时将人口统计变量作为外在因素，系统分析其对消费者感知价值和购买意愿的影响差异。根据获得的342份有效问卷数据，本文采用结构方程模型进行实证分析，研究发现：①功能价值是促使消费者形成积极购买意愿的关键，样本数据显示，新能源汽车的功能价值，会对消费者的购买态度产生显著影响，模型标准路径系数高达0.266，影响程度位于感知价值要素之首。如果消费者感受到新能源汽车的性能稳定、驾驶及充电操作简便、续航能力满足需求等优点，那么消费者会更愿意购买。②情境价值是较短时间内提高消费者对新能源汽车购买意愿的捷径。乘坐新能源汽车的经历对消费者的购买意愿有正向影响，消费者接触新能源汽车的机会越多，对新能源汽车的购买意愿就越强。③新能源汽车作为环保意识和个人社会形象的展示，对消费者关于新能源汽车的购买意愿有正向影响。④情感价值对消费者的购买意愿有较弱的正向影响，驾驶新能源汽车能为消费者带来新奇和愉悦的感受，也能给他人留下时尚、环保的印象，会让其产生积极的租赁态度，但这一影响的效果显然还有待提高。⑤性别、收入水平对消费者的感知价值以及购买意愿的影响有显著的差异性。女性的感知价值与购买意愿相对男性明显较高；收入水平越高的群体，其感知价值与购买意愿明显较高。

2. 建议措施

鉴于补贴退坡政策的影响，新能源车市的刺激消费逐渐减弱，消费者对新能源汽车的购买意愿很可能呈现下降趋势。因此，基于需求侧视角，挖掘绿色消费者购买意愿形成路径并制定有效的提升策略，不仅可以为我国新能源汽车产业应对退坡补贴政策提供参考，也可为我国大力发展新兴产业，进行经济结构调整和转型升级提供依据。

（1）双管齐下增强基础设施建设。政府应加大充电桩及配套设施建设力度，一方面增加充电桩的数量使消费者能够就近充电，另一方面改善充电桩的质量，缩短充电时间；电力系统应努力构建合理布局的充电服务圈，多管齐下解决新能源汽车的基本功能价值需求，让更多的消费者乐于接受并购买新能源汽车。

（2）重视消费者体验所带来的情境价值。政府可以通过推广新能源汽车租赁业务，新能源汽车共享和替换公交车为新能源汽车的形式，增加消费者接触新能源汽车的机会，加深对新能源汽车的体验感；企业可以在保证安全的基础上，开展新能源汽车的品牌试驾活动，加大营销推广，增强消费者的好奇心，刺激其进行尝试。致力于使消费者对新能源汽车的性能有良好的切身体验，增强新能源汽车的情境价值，进而提高消费者的购买意愿。

（3）加强新能源汽车的环保标识性。政府和企业应制定具有吸引力的宣传方案，如录制宣传片、张贴宣传标语或者开展公益等活动提高消费者对新能源汽车的认知程度，让消费者进一步了解新能源汽车对环保的不可替代性，宣传新能源汽车的节能、环保及公益等特性，营造社会舆论氛围和导向，让消费者将驾驶新能源汽车看作是一种社会潮流，进而将其列为出行方式的首选。

（4）拓宽新能源汽车产品的个性与多样性。企业可以加强个性化产品设计及推广，在营销的过程中强调驾驶新能源汽车将给消费者带来的乐趣和新奇感受；同时企业可考虑提供覆盖长程和短程，包含低端、中端、高端各档次的新能源汽车车型，满足不同消费者的用车和体验需求，提高消费者对新能源汽车的购买意愿。

（5）优先锁定具有较高购买意愿的人群。本文结果显示，新能源汽车的潜在购买者主要是收入程度较高、受过良好教育的女性。她们有一定经济基础，对新能源汽车有一定了解，重视环保及社会形象，相比于男性消费者更注重新能源汽车的情感体验。新能源汽车经济、环保、便捷的特点正符合这类人群的消费诉求。政府可以加大宣传力度，多平台、全方位利用媒体及互联网的宣传力量，增强消费者对新能源汽车的了解；企业应针对新能源汽车潜在顾客的特征，制定目标细分市场战略，针对性地采取更富有吸引力的营销方案，根据人口统计特征锁定对新能源汽车具有较高购买意愿的消费者进行推广。

3. 未来改进方向

本文在建立顾客感知价值模型的过程中，考虑的评价指标有限。现实生活中影响消费者购买意愿的因素有很多，不能一一深入研究，因此只能选择主要的作为评价指标。后续研究可以增加汽车类型、品牌知名度、车内空间等指标，以提高模型的复杂性和真实性，从而提出更有建设性的政策建议。

参考文献

［1］白长虹. 西方的顾客价值研究及其实践启示［J］. 南开管理评论，

2001（2）：51-55.

［2］曹霞，邢泽宇，张路蓬．政府规制下新能源汽车产业发展的演化博弈分析［J］．管理评论，2018，30（9）：82-96.

［3］范秀成，罗海成．基于顾客感知价值的服务企业竞争力探析［J］．南开管理评论，2003（6）：41-45.

［4］李国栋，罗瑞琦，谷永芬．政府推广政策与新能源汽车需求：来自上海的证据［J］．中国工业经济，2019（4）：42-61.

［5］李宗伟，张艳辉，栾东庆．哪些因素影响消费者的在线购买决策？——顾客感知价值的驱动作用［J］．管理评论，2017，29（8）：136-146.

［6］贾薇，张明立，王宝．顾客价值在顾客参与和顾客满意关系中的中介效应研究［J］．中国工业经济，2009（4）：105-115.

［7］王宁，晏润林，刘亚斐．电动汽车潜在消费者特征识别和市场接受度研究［J］．中国软科学，2015（10）：70-84.

［8］王月辉，王青．北京居民新能源汽车购买意向影响因素——基于TAM 和 TPB 整合模型的研究［J］．中国管理科学，2013，21（S2）：691-698.

［9］王宗水，赵红，秦绪中．我国家用汽车顾客感知价值及提升策略研究［J］．中国管理科学，2016，24（2）：125-133.

［10］望海军，汪涛．顾客参与、感知控制与顾客满意度关系研究［J］．管理科学，2007（3）：48-54.

［11］杨晓燕，周懿瑾．绿色价值：顾客感知价值的新维度［J］．中国工业经济，2006（7）：110-116.

［12］熊勇清，黄恬恬，苏燕妮．新能源汽车消费促进政策对制造商激励效果的差异性——“政府采购”与“消费补贴”比较视角［J］．科学学与科学技术管理，2018，39（2）：33-41.

［13］熊勇清，秦书锋．新能源汽车供需双侧政策的目标用户感知满意度差异分析［J］．管理学报，2018，15（6）：874-883.

［14］徐国虎，许芳．新能源汽车购买决策的影响因素研究［J］．中国人口·资源与环境，2010，20（11）：91-95.

［15］钟太勇，杜荣．基于博弈论的新能源汽车补贴策略研究［J］．中国管理科学，2015，23（S1）：817-822.

[16] Arnold, M. J., Reynolds, K. E. Hedonic Shopping Motivations [J]. Journal of Retailing, 2003 (79): 77-95.

[17] Belk, R. W. Possessions and the extended self [J]. Journal of Consumer Research, 1988 (15): 139-168.

[18] Creusen, M. E. The importance of product aspects in choice: the influence of demographic characteristics [J]. Journal of Consumer Marketing, 2010 (27): 26-34.

[19] Cronin, J. J., Brady, M. K. & Hult, G. T. M. Assessing the effects of quality, value and customer satisfaction on consumer behavioral intentions in service environments [J]. Journal of Retailing, 2000 (76): 193-218.

[20] Diamantopoulos, A., Schlegelmilch, B. B., Sinkovics, R. R., Bohlen, G. M. Can socio-demographics still play a role in profiling green consumers? A review of the evidence and an empirical investigation [J]. Journal of Business Research, 2003 (56): 465-480.

[21] Eggert, A., & Ulaga, W. Customer perceived value: a substitute for satisfaction in business markets? [J]. Journal of Business & Industrial Marketing, 2002 (17): 107-118.

[22] Flint, D. J., Woodruff, R. B., Gardial, S. F. Exploring the phenomenon of customers' desired value change in a business-to-business context [J]. Journal of Marketing, 2002 (66): 102-117.

[23] Mittal, V., Kamakura, W. A. Satisfaction, repurchase intent, and repurchase behavior: investigating the moderating effect of customer characteristics [J]. Journal of Marketing Research, 2001 (38): 131-142.

[24] Sheth, Jagdish N., Newman, Bruce I., Gross, Barbara L. Why We Buy What We Buy: A Theory of Consumption Values [J]. Journal of Business Research, 1991, 22 (2): 159-170.

[25] Sweeney, J. G., Soutar, G. N. Consumer-perceived Value: The Development of a Multiple-item Scale [J]. Journal of Retailing, 2001 (2): 203-220.

[26] Woodruff. Customer value ; the next source for competitive advantage [J]. Journal of the Academy of Marketing Science, 1997, 25 (2): 139-153.

[27] Zeithaml, Valerie A. Consumer Perceptions of Price, Quality, and

Value: A Means-end Model and Synthesis of Evidence [J]. Journal of Marketing, 1988 (52): 4-6.

Research on the Impact of Consumers' Perceived Value on their Purchase Intention of New-Energy Vehicles in China

—Demographic Characteristics as Moderator Variables

Dandan Wang Yujia Bai Yu Xie Chen Gao

Abstract: Subsidy retreatment makes it difficult to keep the demanding market of new-energy vehicles (NEVs hereafter) in China. Therefore, this paper studied the purchase intentions of consumers through the impact of consumers' perceived value of NEVs. Results show that functional have the greatest impact on purchase intention, and conditional value followed. The effect of social value and emotional value need to be improved. Among the demographic variables, there are statistically significant differences in gender and income level. Women's perceived value and purchase intention are significantly higher than men's. Income level has a significant positive impact on customer perceived value and purchase intention. Education level has significant difference in perceived value, but it does not have significant difference in purchase intention. There is no significant difference between age on perceived value and purchase intention. We suggest that while enhancing infrastructure construction, we should pay attention to the conditional value brought by consumer experience. Under the background of subsidy retreat, it is advisable to strengthen the environmental labeling of NEVs, to broaden the individuality and diversity of NEV products, and to give priority to target people with high purchase intention in order to break through the bottlenecks of NEV promotion and application finally.

Key Words: subsidy retreatment; new-energy vehicles; consumers' perceived value; consumers' purchase intention

A Psychological Approach to Regaining Consumer Trust after Greenwashing: The Case of Chinese Green Consumers

1. Authors' names

Dandan Wang[1], International Business School, Tianjin University of Finance & Economics, China

Thomas Walker[2], Department of Finance, John Molson School of Business, Concordia University, Canada

Sergey Barabanov[3], Department of Finance, Opus College of Business, University of St. Thomas, Minnesota, USA

2. Biographies

Dandan Wang is an assistant professor at the International Business School of Tianjin University of Finance and Economics. She received her doctorate degree in business administration from Tianjin University of Finance and Economics and completed her postdoctorate in applied economics at Capital University of Business. In 2017, she was a visiting researcher at Concordia University under the supervision of Dr. Thomas Walker. Her research focuses on corporate sustainability and green consumer behaviours. Dandan Wang is the corresponding author and can be contacted at: wangdandancathy@ 163. com

Thomas Walker is a full professor of Finance at Concordia University. He received a Ph. D. degree in Finance and an MBA degree in Finance and International Business from Washington State University (WSU). Prior to his academic career, for several years, Dr. Walker worked in the German consulting and industrial sector at firms, such as Mercedes Benz, Utility Consultants International, Lahmeyer International, Telenet, and KPMG Peat Marwick. He taught as a visiting professor at the University of Mannheim, the University of Bamberg, the European Business School, and the WHU-Otto Beisheim School of Management.

His research interests include sustainability and climate change, aviation, corporate governance, and risk management, and he has published over fifty articles, book chapters, and edited books in these areas. He is the co-editor of two books concerning sustainable financial systems and sustainable real estate. In February 2015, Dr. Walker was appointed as Interim Director of the David O'Brien Centre for Sustainable Enterprise. Among his other roles, he served as Laurentian Bank Professor in Integrated Risk Management (2010-2015), Chair of the Finance Department (2011-2014), and, most recently, Associate Dean, Research and Research Programs (2016-2017).

Sergey S. Barabanov is an associate professor of finance at the OPUS College of Business, University of St. Thomas, Minnesota. Prior to his academic career, Dr. Barabanov held leading positions in several international firms and non-profit organizations. Dr. Barabanov received a Ph. D. degree in Finance from Washington State University. His current research focuses on institutional investors, corporate governance, information asymmetry, securities litigation, behavioral finance and socially responsible investing.

A Psychological Approach to Regaining Consumer Trust after Greenwashing: The Case of Chinese Green Consumers

Abstract

Purpose: the negative effect of greenwashing draws corporations and consumers into a conflicted relationship which should to be repaired by finding an approach that regains consumer trust.

Methodology: we collect and interpret qualitative data from in-depth interviews to develop a theoretical approach that enables the rebuilding of trust between greenwashing corporations and their consumers using the concept of psychological resilience.

Findings: our analysis indicates that the approach is an interaction between consumers with green brand loyalty and greenwashing corporations. This type of consumer demands emotional factors, functional factors and legitimate factors in the process of psychological resilience, and after greenwashing, corporations should select appropriate recovery strategies to stimulate these protective factors.

Originality: Previous research studied green consumer trust in the marketing field, but did not explore the core of trust which was regarded as a cognitive process. Our paper investigates green consumer behavior under the perspective of the psychological resilience and makes an innovative attempt to understand drivers of regaining consumer trust; Previous research put forward a series of strategies related to regaining trust, but they did not discuss the mechanisms by which these strategies work; Using method of grounded theory, we attempt to reveal the "black box" of consumers cognition after greenwashing and propose a strategy for regaining consumer trust.

Key words greenwashing; psychological resilience; regaining consumer trust

Introduction

Green marketing has gained wide acceptance as a viable competitive strategy within the business world (Chen, 2008a, 2008b; Babiak et al. 2011; Won-Moo et al. 2013). The Report on Green Consumers in China, which is published by AliResearch (2016), shows that the number of green consumers on the Ali Retail Platform in 2015 exceeded 65 million, accounting for 16% of active users; this number increased fourteen times over the past four years. Given the high profit margins associated with green marketing (Menon, 1997), some corporations have been found to overstate or even fabricate information regarding the environmental value of their products (Nick, 2013); this approach is called "greenwashing". For example, a corporation may overstate its commitment to reducing the adverse environmental impact of its activities to boost its reputation for sustainable practice (Chen, 2013). In this way, the company can increase its profit margins while avoiding the full cost of the green practices implied by its rhetoric. Sirdeshmukh et al. (2002) demonstrated that there is a positive relationship between the value attributed by customers to products and the trust they have in them. However, greenwashing has increased consumer scepticism and undermined their trust in products, thus reducing consumer demand (Kalafatis and Pollard, 1999). If corporations with similar problems fail to eliminate the trust crisis caused by "greenwashing" and fail to successfully win back the trust of consumers, their competitive advantage in the market will inevitably be affected (Zhuang and Zhuang, 2010; Yang, 2015).

Compared with the urgency of practical needs, theoretical research concerningthe regaining of consumer trust is still in the exploratory stage. While some scholars have put forward a series of strategies related to regaining trust, such as apology and commitment (Bottom et al., 2002; Edward et al., 2004), reimbursement (Jian, 2017) and eco-labelling (Guo et al., 2015), they did not discuss the mechanisms by which these strategies work; thus, to some extent, the effectiveness of the strategies is affected. Considering that regaining the trust of green consumers is a psychological process in which consumers constantly reduce the negative recognition of "greenwashing" and gradually establish positive expectations regarding corporations (Francine, 2014), it is more significant to study approaches of regaining green consumer trust from a psychological perspective (Yan & Wu, 2016). Moreover, scholars have found that psychological resilience has a significant effect on promoting interpersonal trust (Lyu et al., 2017). Therefore, in this study we explore approaches of regaining green consumer trust under the perspective and related concepts of psychological resilience.

This article aims to contribute to the literature concerning green consumer trust in developing countries, especially in China, which has a vast potential market for green products. The accepted premium of green basket products in China has reached 33%, and, on average, one in two mothers is a green consumer (Ali Research, 2016). The increasing demand for green products has also led to a large scale of greenwashing. Southern Weekend (2009-2016) released a list of "greenwashing Corporations" in China, including 76 well-known local brands and multinational companies, and some corporations were included on the list for two or three consecutive years. Exploring an approach to regain the trust of green consumers after greenwashing is significant for constructing a sustainable green market and green consumption.

Literature Review

Greenwashing and Consumer Trust

Corporate greenwashing refers to the practice of making unsubstantiated or misleading claims about a firm's environmental impact (Laufer 2003). Greenwashing can assume many different forms. For example, Southern Weekend (2009-2016) identified 10 types of greenwashing in the Chinese consumer market, namely, blatant deception, deliberate concealment, double standards, lip-service, front tightening and back loosening, policy interference, reversing the order, "faking to the east but attacking in the west" blurring the horizon and being counterproductive. In general, studies have shown that greenwashing lowers consumers' purchasing desire, increases their scepticism and even leads to their boycotting of green products (Yang, 2010; Parguel, 2011). For instance, Edelman (2010) collected data from green consumers in more than 20 countries and verified that greenwashing lowered consumer trust in green product advertising from 30% to 13% and green product websites from 30% to 21%. Yang (2014) indicated that greenwashing will cause harm to the lemon market, which can have industry-wide impact and result in a loss of green consumers' trust or lead to a boycott. Therefore, if a corporation can not regain the trust of green consumers damaged by greenwashing, its competitive edge in the market will be permanently lost along with its brand reputation and equity. Such firm will find itself at an unfavourable competitive position (Chen, 2013); Less attention, however, has been paid to the methods that might be employed to repair such relationship, repair trust of green consumers (Guo et al., 2015). Leonidas et al. (2013) indicated that the perceptions of green consumers of greenwashing can be dynamic with the supportive information released by the corporation. As the power of advertising, media publications, and the internet have greatly enhanced consumers' acceptance of green products (Gergely & Harsha, 2014), they tend to have a need for explanations from corporations after greenwashing to justify the psychological investment they had established in the green market (Leonidas et al., 2013). Guo et al. (2015) further proposed a path analysis of greenwashing in a trust crisis among Chinese energy companies and concluded that brand loyalty can alleviate an energy brand trust crisis. For example, despite Sinopec's past greenwashing behaviours, the company still has many loyal customers who like and trust it.

Strategiesused to regain the trust of green consumers

Some examples have been provided in recent research investigating how corporations can regain the trust of green consumers (Thomas et al., 2004; Vaccaro and Patino Echeverri, 2010). One strategy is to provide an immediate apology and commitment to change (Fred and Joao Pedro, 2014). This strategy demonstrates that the company acknowledges its inappropriate behaviour and serves to reassure consumers and neutralize their negative feelings about the greenwashing of the company's products or services (Schwartz et al., 1978; Bottom et al., 2002). Thus, the apology and recommitment strategy is considered to impose restrictions on the future behaviour of corporations and functions as a type of guarantee of their greening (Dwyer et al., 1987). Customers are also likely to re-evaluate a corporation's environmental behaviour if some form of reimbursement, such as a refund, compensation or free gift, is provided (Peterson, 1995).

The second strategy is eco-labelling, which can signal the ecological characteristics of products and assist green consumers by reducing cognitive effort and information search costs (Fred and Joao Pedro, 2014). An eco-label allows consumers to easily and confidently identify green information about a product; however, eco-labels do not provide information about a firm's environmental attitudes and policies (Guo et al., 2015). Therefore, to establish more generalized product credibility, companies should embed a culture of corporate transparency and information disclosure into their practices (Vaccaro and Patino Echeverri, 2010). The latter study also demonstrates that increased transparency has a positive effect on consumer trust and collaborative green behaviour; however, that study also reveals that green consumers are difficult to please.

These strategies are all based on placing consumers in the macro environment or a part of the environment to regain consumer trust by changing the environment through relevant strategies, but the mechanisms by which the strategies work have not been discussed; thus, to some extent, the effectiveness of the strategies is affected.

Psychological Resilience in Regaining Consumer Trust after Greenwashing

To expand the current knowledge of regaining consumer trust, researchers have found that regaining consumer trust is essentially a cognitive process (Yan & Wu, 2016). For example, attribution theory proposes that consumers have their own perceptions or inferences of the causes of greenwashing, and in turn, corporations are suggested to adopt targeted strategies according to these types of perceptions (Kim, 2014). Although research based on attribution theory has focused on perceptions, some important issues remain ignored (Wu et al., 2018). For example, when "greenwashing" occurs, do any psychological factors that can motivate green consumer trust exist and what approach targets these psychological factors to regain green consumer trust after greenwashing?

To find an appropriate method to regain the trust of green consumers, we aim to explore perceptions of greenwashing and determine the factors that may contribute to recovery from their trust crisis. Resilience is the extent to which individuals are able to rebound from negative experiences and adapt to changing and stressful life demands (Tugade and Fredrickson, 2004). It is an important concept in psychological research that denotes a person's ability to successfully respond to adverse events and conditions (Luthans, 2002). Scholars offer two perspectives on the source of this resilience. Iles (2008) and Albino et al. (2009) defined psychological resilience as the conditions or attributes inherent in consumers. However, this perspective is challenged by Kumpfer (1999), Luthans (2002a; 2004) and Kim & Turkewitz (2012) who proposed that resilience may change over time as a function of development and one's interaction with the environment. Luthans (2002a; 2004) further posits that resilient individuals can make use of "protective factors" in the social environment that foster positive perceptions and allow the individual to "bounce back" from adversity, uncertainty, conflict and stress. In other words, such individuals can effectively and easily navigate their way through adversity by employing effective coping strategies (Kumpfer, 1999).

Psychological resilience, therefore, best explains why green consumers with brand loyalty can alleviate an energy brand trust crisis after greenwashing. According to Dober & Wolff (2000), Tugade & Fredrickson (2004), Iles (2008) and Albino et al. (2009), green consumers with high brand loyalty possess an inherent purchasing reference or habit for green products or services. They tend to search for supportive information to maintain their psychological investment despite the context of greenwashing. Additionally, Kumpfer (1999), Luthans (2002a; 2004) and Kim & Turkewitz (2012) suggested that the psychological resilience of green consumers can be stimulated by protective factors in the social environment. Therefore, if a corporation can release those types of factors to correct its greenwashing behaviours, it is a good way to regain the trust of green consumers. With this perspective, we set out the current study to develop a theoretical approach to the rebuilding of trust using the concept of psychological resilience.

Research methods

The research methods adopted in the paper include text analysis and grounded theory. According to the concept of psychological resilience, a text analysis is used to search for appropriate interviewees who experienced greenwashing and recovered from the trust crisis caused by greenwashing, and grounded theory was used to categorize the linguistic and observation data from the interviewees to determine the factors that may contribute to recovery from their trust crisis.

As mentioned above, a social desirability bias towards greenwashing in the current literature can, to some degree, distort the findings; therefore, while performing the text analysis, we aimed to emphasize the voice of green consumers. UGC, which is a context in which people provide reviews and share stories online that are available for others to download and comment upon, can serve as a realistic source of such a voice (Gu, 2013). We decided to collect UGC published in the form of blogs from Sina Weibo. Similar to a hybrid of Facebook and Twitter, Sina Weibo is among the most popular sites in China and is used by over 30% of Internet users as a social networking service; Sina Weibo primarily consists of text, photographs, videos, music and other audio content created by its users. To identify the effective protective factors, it is meaningless to interview individuals who experienced "greenwashing" but subsequently did not continue to trust the green brand or refused to buy green products or services anymore. As protective factors are the forces driving the regaining of the trust of green consumers, we should interview blog writers who experienced "greenwashing" and successfully overcame the negative effect of greenwashing and re-established positive expectations. The interviewees were selected among the uploaders of blogs by using text analysis approaches. First, based on the list of greenwashing companies in China released by Southern Weekend (2009-2016), we used the names of the companies as key words and searched for blogs related to these names on the UGC platform. Second, we filtered the results based on "if this is your personal account" and "if this is your original blog" to identify the uploaders. Third, we designed a questionnaire and attempted to contact the selected uploaders through social media messages. We contacted 954 blog writers on the Sina website. Most respondents provided quick responses to our questionnaire with clear answers regarding their experience with greenwashing and their repurchase intention after greenwashing. In total, 126 blog writers expressed their repurchase intention after receiving recovery strategies from greenwashing corporations. Finally, we ranked the blogs released by these 126 blog writers by the thumbs-up responses, and divided the blogs into different time periods (Paulussen & Ugille, 2008), such as within 1 month, between 1 month and 1 year, between 1 year and 2 years and above 2 years. In total, 10 green consumers were selected as our interviewees as their blogs received the most thumbs-up responses and the highest number of views within 1 year.

The interviewees were invited to speak in either Chinese or English, and all interviews (i. e., face-to-face or online) were audio-recorded with their permission. Our transcripts in Chinese were translated into English by a research assistant, and the English translations were shown to the faculty in the English department of our university, who translated the transcripts back into Chinese. This type of back-translation is effective for comparing original interviews with the translated version to judge the accuracy of the English translation.

Observations. We completed the observations within two weeks to one month in Beijing and Tianjin. With their approval, we accompanied 4 interviewees on occasions during which they made purchases, and we specifically noted purchases of the green products they had mentioned in their UGC and whether they checked green certifications, such as eco-labels, or consulted sales people regarding the functions or ingredients of the products. We recorded brand names, dates, places and the time spent before they reached a final decision. A strict same-day rule was followed for notes to capture immediate impressions and insights that could later shape, supplement, and confirm the emerging theoretical perspectives during the analysis; approximately 35 pages of detailed notes were created.

Secondary data. We adopted secondary data to develop knowledge in addition to the original analysis of the data (Andrews et al., 2012). We sampled data from publicly available resources, including business reports, marketing materials, business plans and PowerPoint presentations that were released by consultants, such as Ali Research, McKinsey & Company, etc. The continuous annual reports concerning greenwashing by the Southern Weekend (2009-2016) and the website green. sohu. com were also important secondary data resources for our research. We identified these materials with the specific objective of triangulating and assessing the validity of the statements of the interviewees.

Findings

Dominant features of the interviewees

From the interviews, we summarized the dominant features of our interviewees whose trust has been restored following the recovery strategies made by the greenwashing corporations. These are all consumers with green brand loyalty.

Their perceptions following the greenwashing can be dynamic based on the supportive information released by the corporation. These consumers tend to have a need for explanations from corporations after greenwashing to justify their psychological investment in the green market. As they mentioned, "It is my purchasing preferences or habits. Well, I experienced greenwashing, but it does not cause me to give up the whole brand. I insist on purchasing other types of products within the brand". "My trust on the green products or services is mainly from the brands. I trust the brand for such a long time, if the brand turned into a green brand and I am going to show my trust on its range of green products." "While I do not think it is easy for me to give up the brand even if I learnt about its greenwashing. We should wait for corporation to correct its actions." and "I think reputation is vital for me. My family, my friends recommend it to me; so, we maintain our expectations and are willing to accept corporate adjustments or recovery strategies after greenwashing".

Protective factors of green consumers

Using the grounded theory approach (Strauss & Corbin, 1998) to analyse our data, we followed three steps: open coding, axial coding and selective coding. Open coding requires an essential understanding of the participants' texts and discourse analysis of the transcriptions we obtained. Next, axial coding, or "merging" texts, involves applying thematic analysis to identify common structures of individuals' experience. It requires reading each transcript individually, identifying themes within each focus group, comparing the commonalities and differences among the focus groups and categorizing each theme accordingly. Once these themes were identified, selective coding involved revealing relationships and consequences to complete the analysis. The findings of the coding process are presented in Table 1, Table 2 and Table 3.

Table 1 Open coding

Codes	Data samples
Reason for greenwashing	(1) Considering that some reasons for greenwashing are hidden, I think we need to figure them out because a clearer explication of them can be able to keep people's enthusiasm for taking action of environmental protection. (2) Because of greenwashing, most corporations are now considered to be guilty until proven innocent.
Admit and apologize to the public	(1) I feel frustrated, but if the company dares to take responsibility, I would like to wait for changes rather than boycott. (2) I feel like if you are going to be environmentally friendly, you have to go the whole way; you can't just do half environmentally friendly; commit yourself to it. (3) I believe that an apology to the public is basic ethics after greenwashing.
Commitment to greenness in the future	(1) Being green is not yet considered as a social norm by greenwashing companies; if they promise to make the green morally right, instead of tricking the public, I will not switch to other brands. (2) They should let society and consumers trust them by fulfilling their responsibilities to the environment.
Improve the perceived values of green products	(1) At least, these companies with greenwashing behaviour noticed the importance of greenness. They just need to be more authentic. (2) Several years ago, I tried to find someone or somewhere to repair my conventional refrigerator, but I could not find it. Finally, I have no choice but to buy a new one, which is an environmental friendly machine. It has a high-efficiency compressor and low power. More importantly, it can be updated within two years. I'm not sure whether it is greenwashing, but I think it sounds reliable. (3) We often criticize some companies for high footprint, they are improving, though. Actually, it is impossible to achieved the desired effect without toxicant. (4) At least, the company tried, and they did not try to trick people.

Continued Table

Codes	Data samples
Participate in green events for an improved brand reputation and image	(1) I think the greenwashing companies should make their changing process more transparent and donate some funds to national environmental projects. (2) It's necessary to participate in green events. Like Alipay, it did plant lots of trees in the Western of China. Therefore, I think its CSR (Corporate Social Responsibility) is credible.
Recycled or environmental materials	(1) For my repurchase, green technology is a part that will be considered. The more energy saving, the more intelligent the degradation of formaldehyde, the better. (2) The raw materials of footwear of adidas' are recycled from the sea, and this can be regarded as a competitive advantage in the market for Adidas. Therefore, it can be a role model for many shoe manufacturers. (3) I suggest that the employees or R&D staff try it out and take notes of quantitative parameters after the comparison of nonenvironmental products and other competitive products. In addition, it is even better for consumers and environmental experts to participate in this process.
Direct experiences with products	If corporations want to change our perceptions about greenwashing, they may need to provide opportunities for more direct experiences, such as inviting us to experience or try out the so-called green products. Providing more experiential contacts with the product can give us a more concrete recognition of the product.
The reliability of the green attributes of the products	(1) I think you exaggerated slightly. There is a definitely big difference between the 38% petroleum and 99% petroleum component of a cleaning product. (2) The main purpose of the company is to use renewable ingredients in the product to protect the environment instead of killing bugs. (3) I prefer to dispose of all types of toxic chemicals similar to Nippon rather than apology and compensation, which could avoid the accusation of greenwashing. (4) While many companies try to reduce pollutants and harmful chemicals as much as possible, it doesn't mean that their products are totally harmless for the environment. To some extent, they just reduce the amount of harmful chemicals in products.

Continued Table

Codes	Data samples
Environmental appraisals	A department with professional environment is essential for the company and appraisers who have mastered technology and measurements of environment. It is beneficial for them to be familiar with saving time of appraisals and process, more with the experience to avoid environmental risks, especially greenwashing.
Eco-labels or environmental certificates	(1) Eco-labels are a powerful guarantee for me about green products. (2) I think a certificate for the product is an effective proof of non-greenwashing, because some detergents still hold unclear claims. (3) I have insisted on reading every ingredient of few products before I bought it for a number of years, so I believe my choice whether the company is greenwashing or not.
Regulations of green markets	(1) The core problem is not the behaviour of buying eco-friendly products. Government department should step up to implement regulations of chemicals in products and let customers know fully. (2) Consumers do not need to investigate and question them, because the government should force true labelling even if they meet regulations. (3) I think the government should take more responsibility to formulate regulations and standards when it comes to the environment. For example, environmental department should release the quantitative indications for corporate greening to guarantee consumers' legitimate right.
Supervision of social media and Consumers Union	(1) Recently, Nanfang Zhoumo reported greenwashing continuously to let consumers know the concept of it. Definitely, it is a really useful way for the public to learn about the origin and prevention of greenwashing in detail. (2) I think we could acquire some help from some official websites of unions, such as the Consumers Union (the publishers of Consumer Reports).

Table 2 Axial coding

Themes	Categories	Explanations
Emotional recovery	Explanations	Explain the origins and initiatives of greenwashing behaviour.
	Apology	Apologize to the public and consumers for unethical behaviour.
	Commitment	Show CSR guidelines to the public and consumers.
Functional recovery	Green perceived values	Consumers' overall assessment of a product based on what perceptions of it are received and given.
	Participate in green events	The social practices and initiatives of green behaviours.
	Recycled or environmental materials	The application of environmental technology and evidence from trials of new green products with the research staff and internal employee is more reliable.
	Direct experiences with products	Direct experience with a product is more effective than indirect experience.
	Green attributes of products	Reducing harmful chemicals in products or adding environmental ingredients to them is a way to gain consumers' confidence.
Legitimized recovery	Government supervision	Add credibility to what is called a green product under the supervision of government or the environmental bureau with standards or regulations.
	Eco-certificate	Add credibility to what is called a green product by a third-party certificate.
	Transparency in environmental issues	Add credibility to what is called a green product with transparency of the carbon emissions reduction or energy saving of companies.

Table 3 Selective coding

Relationships	Explanation	Data samples
Emotional factors→ Green trust	Apology and commitment are regarded as emotional protective factors to motivate consumers' psychological resilience, with which companies could regain consumers' confidence in their products.	First, I want to know the origins of its greenwashing, as we keep enthusiasm for green for such a long time, so a reasonable explication is desirable. The corrective process is vital; first, you should admit greenwashing, and then, you make your effort to be green.
Functional factors→ Green trust	The improvement of green attributes, green perception values and a stronger emphasis on R&D are regarded as functional protective factors to motivate consumers' psychological resilience, with which companies could gain consumers' re-evaluation of their green products.	Businesses should also make products more easily reused, even at the end of the life-cycle. Product function comes first because it fulfils my pragmatic needs. I think no one is willing to compromise on performance; if a recycled paper is less white than conventional paper, I am not bothered by that, and I prefer the recycled one, but if a vacuum cleaner was made of weak recycled plastic and louder claims for green, do you think anyone is willing to give up the conventional option with the equivalent energy efficiency?
Legitimizing factors→ Green trust	The third-party certificate, eco-labels and transparent specifications are regarded as legitimate protective factors to stimulate consumers' psychological resilience, with which companies could regain approval from all the stakeholders in the institutional environment.	I think businesses can create a green brand to gain consumers' confidence; it should be done with the recognition of consumers, NGOs and public authorities such as the government. With a green brand, they can say proudly, "We only produce green products". The most proactive companies on green management can lead industrial regulations and may even push for stricter certifications. Self-discipline on greening is the best way to gain the greater market share.

Continued Table

Relationships	Explanation	Data samples
Emotional factors→functional factors	Apology and commitment are considered prerequisites to stimulate consumers' willingness to accept the functional improvement of a corporation.	In addition to apology and reimbursement, I really want the environmental performance of the product. Apology is only one type of PR crisis and plays a temporary role; I think environmental performance is the only criterion.
Functional factors→legitimizing factors	An authoritative environmental evaluation or certification of products or services can be considered legitimacy in the internal institutions of companies.	Credible information about the product's environmental impacts is particularly welcome; as a green consumer, I will carefully read the information I need before I buy it, almost from the ingredients to the packaging to the disposal method. The more transparent the information, the more trust I place on the product. I expect detailed information about the green attributes of this product. May be it can be evidenced by "green labelling" and environmental certification.

The analysis of our data by the methodology of grounded theory led to the following findings. The protective factors put in place by companies include emotional factors (e. g., apology, explanation or guarantee), functional factors (e. g., green R&D, green attributes of products and direct experience for consumers) and legitimate factors (e. g., government supervision, eco-labels or green certification), which play a vital role in motivating the psychological resilience of consumers. With the accumulation of three types of protective factors, consumers gradually overcome their negative emotions and scepticism and tend to once again render their trust to the companies.

These three protective factors have specific consequences and timelines in the process of psychological resilience. In the first stage (1-6 months after greenwashing), emotional factors proved to be effective to motivate consumers' psychological resilience. "Immediate apology from the companies is very important for me so that I can see their attitudes to avoid the unethical behaviour in the future"; "As I invested my confidence in this brand for many years, it might help to control my frustration or even lower my scepticism if the company apologized to me immediately, was not evasive, and did not engage in denial". In contrast, the functional factors and legitimate factors were not mentioned as often when we asked about the initial feelings of consumers after they learned about greenwashing. Giliespie & Dietz (2009) identified apology and explanation for unethical behaviour as the most effective emotional recovery strategies when a corporation undergoes a reputation crisis. By admitting its misleading marketing strategies to obtain the huge benefits of green marketing, the corporation's willingness to pursue green development appears to be more acceptable and believable for the respondents. This conclusion was supported by Xie & Peng (2009), who indicated that sincere apology and commitment to ethical development in the future can best shape a corporation's green strategy and retain consumers' good faith during a moral crisis.

After this kind of emotional reassurance, consumers receive the information they need to support their former investment and will turn their concentration to practical matters (6 months-1 or 2 years). As our interviewees said, "Switching to other brands is not easy, so I'd like to wait for several months or 1 year to see how the companies are greening their operation; if the green attributes of their product improve or the investment in R&D is enlarged during 1 to 2 years, these can improve the perceived green value"; "I think it depends on the direct experience with green products; if the internal stakeholders, such as the employees, tried it out first, then credibility is added"; "Well, I believe the instructions from the experts are very important; they make the environmental products more professional". At the second stage, effective environmental management is expected to regain the trust of consumers, and corporations should minimise the negative environmental impacts of processes and products throughout its life-cycles. Gerner et al. (2005) emphasized that to produce a green product, manufacturers must focus on the reduction of energy and resources, the elimination of the toxicity of raw materials, and the requirement that the product can be recycled and reused.

The legitimate factors proved to be effective in the final stage (1 or 2 years later) of consumers' psychological resilience. Meyer and Rowan (1997) indicated that environmental legitimacy refers to the degree to which environmental practices ultimately affect people's perceptions of how a firm's behaviour conforms to social norms; thus, being legitimate implies an assumption that a firm's corporate environmental performance is desirable, proper and appropriate (Francine et al., 2014). When asked about the legitimate factors, our interviewees almost always mentioned words such as "authenticity", "assurance" or "verification". "Whether the green product is under the inspection of the Environmental Bureau or whether it has been approved by the green certification or whether it has received eco-labels verified by third parties"; "The certifications or the eco-labels are considered the direct demonstration of the authenticity of green products"; "The eco-label is the best way to avoid greenwashing and give me a desire to repurchase"; "I like to buy it if there is a label that verifies that the product achieved the environmental standard"; "If the product after greenwashing can be recognized by the authorized bureau with eco-labels or eco-certificates, I will buy it with assurance".

Strategies to regain consumer trust

Emotional strategies

Data analysis shows that emotional factors play an initial role as a trigger for consumers' psychological resilience (Giliespie & Dietz, 2009). As our interviewees mentioned, "I want to know if some reasons are hidden behind greenwashing; I think I need the explication to keep the enthusiasm to be green"; "Because of greenwashing, most corporations are now perceived as guilty until proven innocent". Forms of reimbursement such as discounts, coupons and gifts were considered to be a tangible way to gain the return of consumers (Thomas et al., 2004). However, the disadvantage of this strategy is the high cost of investing large funds in rewards to loyal green consumers. We verified that a form of reimbursement, which is called service reimbursement and includes actions such as planting trees for fresh air or donating to green events, may be more effective. In the interviews, some consumers mentioned that "participation in green events is considered a powerful way to show the CSR of greenwashing corporations as part of their obligation for nature protection, similar to Alipay, which planted many trees in western China".

Functional strategies

Data analysis shows that functional protective factors mainly involve the improvement of green operations, such as the higher efficiency of materials and the lower cost of products. Some unrecyclable materials, such as toxic chemicals or radioactive substances, should be replaced by more sustainable materials through technological innovation (Robert, 1995), as the interviewees mentioned: "Nippon disposed of the toxic chemicals contained in its products"; "Adidas sneakers are made with raw materials recycled from the sea". Taking advantage of a range of more sustainable materials helps identify and prevent environmental costs in terms of natural resources and energy and leads to an infinite web of industrial and design processes that can offset the greening costs of a company (Albino et al., 2009). Some green consumers worry that the product may still contain harmful chemicals despite claims that they have been reduced. They also worry about whether companies are really "going green" and not just selling the idea of green practice because it is expected. Zumsteget et al. (2012) suggested a standardized technique for capturing all relevant data for better green management: the corporation should engage in open dialogue with consumers to explain why certain materials are used and the potential consequences of removing such components.

Legitimate strategies

Data analysis shows that legitimate protective factors mainly involve the evaluation of the institutional environment. Our interviewees complained extensively about the difficulty of finding trustworthy, intelligible information about products: "In fact, some detergent makes unclear claims, so I think proof or certification of my product is necessary"; "There is no eco-label on what is called a green product. This is why I read every ingredient of the few products I do use and determine their origins, uses, and effects prior to buying now and have been doing so for a number of years". We observed that consumers lack confidence even in self-proclaimed green products. Thus, their preferences are for products with green certificates from third parties such as the International Standards Organization (ISO). Consumers are keen to learn about the quantitative ratings of a company's green-ing that are released to the public and show the best or worst scores because they believe that once the full information of corporate green development is disclosed and perceived as consistently and cognitively credible, they can choose green products without confusion or even without having to think about it (Kaenzig and Wüstenhagen, 2010).

An overview of the approach to regain consumers' trust after greenwashing

Based on the process of consumer psychological resilience after greenwashing and the resulting strategies of corporations, we found that the approach to regaining the trust of green consumers depends on interactions between consumers and corporations. To achieve the maximum effect of the factors that can motivate consumer psychological resilience, the recovery strategies of a corporation should be treated as a process involving different stages that cannot be achieved overnight. It not only includes emotional factors at the first stage but also functional and legitimate factors at the middle and final stages, which means that a corporation must pursue a series of trust recovery strategies: initially, to eliminate the scepticism of consumers by commitment or compensation; then, to recover their confidence and gain their positive expectations through green manufacturing, the use of green raw materials and R&D on green technology; and, finally, to establish their continuous trust through legitimacy within the social context (Zhuang and Zhuang, 2010). An approach for recovering consumers' trust after greenwashing is shown in Figure 1.

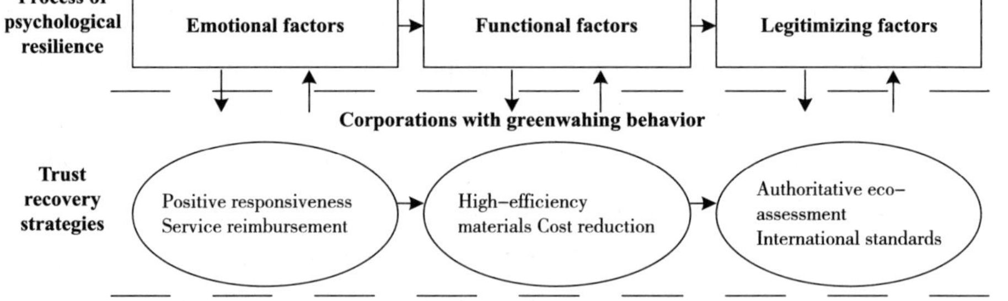

Figure 1 An approach for regaining green consumer trust after greenwashing

Conclusions and Implications

Conclusions

The objective of this paper is to propose an approach to regain green consumers' trust after greenwashing. The investigation provided rich, substantial data that apply to the research context. The results obtained in this study imply that (1) Consumers with green brand loyalty and their psychological resilience is relatively easy to be examined and observed with interviews. This kind of consumer groups should be the primary target to restore trust after greenwashing. (2) protective factors are crucial for regaining trust among green consumers; therefore, after greenwashing, corporations should select appropriate recovery strategies to stimulate the protective factors. (3) the process of psychological resilience follows the consequences of emotional factors, functional factors and legitimate factors. This process involves the control of the negative perceptions of consumers with green brand loyalty and re-establishment of their positive expectations of the company. (4) the approach to regain green consumer trust after greenwashing involves interactions between consumers with green brand loyalty and greenwashing corporations. Trust recovery relies not only on the effort exerted by a corporation but also on the willingness of green consumers to accept such actions.

Implications and limitations

Consumers with green brand loyalty, who have a psychological investment in greenwashing corporations, believe that they have grounds or reason to explain the behaviour of the company and retain their enthusiasm for the brand. We verified that psychological resilience strongly exists in this group; therefore, corporations in the Chinese market should dedicate continuous efforts to creating their own green brand.

The process of psychological resilience follows the consequences of emotional factors, functional factors and legitimate factors; thus, corporations must pursue emotional strategies to control the discontent of green consumers and functional and legitimate strategies to establish their confidence in the rectification of greenwashing in a crisis context (Nicole and Graham, 2009).

Green marketing is rapidly growing in China, and to seize this opportunity and to develop competitiveness, corporations should work with social and political stakeholders. This kind of interactive approach is a sustainable and ethical way to gain recognition and legitimacy in the institutional environment. Consumers acknowledge that they are the key drivers in corporate greening development, and they strive to acquire accurate green knowledge and encourage ethical corporate management.

It is worth stressing that our research is exploratory and that our interviewees were selected from UGC uploaders with a high interest in and high loyalty to green products. As a result, the question of whether the exploration of their psychological resilience is applicable to other consumers remains to be further verified. Moreover, the interview discourse was mainly conducted with Chinese consumers, and whether green consumers in other countries perceive greenwashing in the same way cannot be determined. Therefore, cross-country comparisons in countries such as Canada, the US or emerging countries, such as Brazil or India, are expected in the future.

References

Albino, V., Balice, A. & Dangelico, R. M. (2009). Environmental strategies and green product development: an overview on sustainability-driven companies. Business Strategy and the Environment, 18 (2), 83-96.

Ali Research. (2016). An analysis of Green Consumers in China (Chinese). http://www.aliresearch.com/

Babiak, K, & Trendafilova, S. (2011). CSR and environmental responsibility: motives and pressures to adopt green management practices. Corporate Social Responsibility and Environmental Management, 18 (1), 11-24.

Bin, L. (2015). Sentiment analysis. Cambridge University Press, 2015.

Bottom, W. P., Gibson, K., Daniels, S. E. & Murnighan, J. K. (2002). When talk is not cheap: substantive penance and expressions of Intent in rebuilding cooperation. Organization Science, (9), 497-513.

Chen, Y. S. (2008a). The driver of green innovation and green image-green core competence. Journal of Business Ethics, 81 (3), 531-543.

Chen, Y. S. (2008b). The positive effect of green intellectual capital on competitive advantages of firms. Journal of Business Ethics, 77 (3), 271-286.

Chen, Y. S. (2013). Towards Green Loyalty: Driving from Green Perceived

Value, Green Satisfaction, and Green Trust [J]. Sustainable development, 12 (21), 294–308.
Deng, X. M. (2016). Consumers' Ethical Purchasing Intention in Chinese Context: Based on TPB Perspective (Chinese). Nankai Management Review, 2012, 15 (3), 22–32.
Dwyer, F. R. & Schurr, P. H. (1987). Developing buyer–seller relationships. Journal of Marketing, 4 (51), 11–27.
Edelman, D. C. (2010). Branding in the digital age. Havard Business Review, 88 (12): 8.
Francine, E. P. & Rebecca, W. H. (2014). Confidence via correction: The effect of judgment correction on consumer confidence, Journal of Consumer Psychology, 24 (1): 34–48.
Fred, L. & Joao, P. (2014). Exploring green consumers' mind–set toward green product design and life assessment. Journal of Industrial Ecology, 18 (5), 619–630.
Gergely, N. & Harsha, G. (2014). Perceived greenwashing: the interactive effects of green advertising and corporate environmental performance on consumer reactions. Journal of Business Ethics, 125, 693–707.
Giliespie, N, & Dietz, G. (2009). Trust repair after an organization level failure. Academy of Management Review, 34 (1), 127–145.
Gu, J. (2013). News receiver–oriented: a practice surpass the news producer–oriented, News and News writing, 9: 80–82.
Guo, S. & Li, W. (2015). Brand Trust Restore Strategy—Based on CBBE and Legitimacy. Journal of China University of Geosciences, 15 (3), 28–38.
Iles, A. (2008). Shifting to green chemistry: the need for innovations in sustainability marketing. Business Strategy and the Environment, 17 (8), 524–535.
Kaenzig, J. & Wüstenhagen, R. (2010). The effect of life cycle cost information on consumer investment decisions regarding ecoinnovation. Journal of Industrial Ecology , 14 (1), 121–136.
Kalafatis, S. P. & Pollard, M. (1999). Green marketing and Ajzen's theory of planned behavior: a cross–market examination. Journal of Consumer Marketing, 16 (4–5), 441–460.

Kim-Cohen, J. & Turkewitz, R. (2012). Resilience and measured gene-environment interactions. Development and Psychology, 1 (24): 1297-1306.

Kumpfer, K. L. (1999). Factors and processes contributing to resilience: The resilience framework. In M. D. Glantz & J. L. Johnson (Eds.), Resiliency and development: positive life adaptations. New York.

Laufer, W. (2003). Social accountability and corporate greenwashing. Journal of Business Ethics, 43, 253-261.

Leonidas, C., Olga, K., Constantions, N. L. & Simons, C. (2013). Business Unethicality as an Impediment to Consumer Trust: The Moderating Role of Demographic and Cultural Characteristics. Journal of Business Ethics, 112: 397-415.

Luthans, F. (2002a). The need for and meaning of positive organizational behavior. Journal of Organizational Behaviour, (23), 695-706.

Luthans, F., & Youssef, C. M. (2004). Human, social, and now positive psychological capital management: Investing in people for competitive advantage. Organizational Dynamics, (33), 143-160.

Lv, M. S., Xi, J. Z. & Luo, Y. R. 2017. Emotional Characters of different psychological resilience: the evidence from experience, 49 (7), 928-940.

Menon, A. (1997). Enviropreneurial marketing strategy: the emergence of corporate environmentalism as market strategy. Journal of Marketing, 61 (1), 51-67.

Meyer, J. & Rowan, B. (1997). Institutional organizations: Formal structures as myth and ceremony. American Journal of Sociology, (83), 340-363.

Nick, F. (2013). Learning from past mistakes: future regulation to prevent greenwashing. Boston College Environmental Affairs Law Review, 40 (1), 229-258.

Parlguel, B., Benoit-Moreau, F. & Larceneux, F. (2011). How sustainability might deter "greenwashing": A closer look at ethical corporate communication, Journal of Business Ethics, 102: 15-28.

Paulraj, A. (2009). Environmental motivations: a classification scheme and its impact on environmental strategies and practices. Business Strategy and the Environment, 18 (7), 453-468.

Peattie, K. J., & Collins, A. J. (2009). Guest editorial: Perspectives on sustainable consumption. International Journal of Consumer Studies 33 (2), 107-112.

Peterson, R. A. (1995). Relationship marketing and the consumer. Journal of the Academy of Marketing Science, 23 (4), 278-281.

Robert, E., Jenni, R. & Rahul, C. & Mark, U. (2016). In Impact of word mouth on intention to purchase currently used and other brands. International Journal of Market Research, 59 (3): 322-334.

Schwartz, G. S., Kane, T. R., Joseph, J. M. & Tedeschi, J. T. (1978). The effects of post transgression remorse on perceived aggression, attributions of Intent and level of punishment. British Journal of Social and Clinical Psychology, (11), 292-297.

Sirdeshmukh, D, Singh, J. & Sabol, B. (2002). Consumer trust, value, and loyalty in relational exchanges. Journal of Marketing, 66 (1), 15-37.

Soron, D. (2010). Sustainability, self-identity and the sociology of consumption. Sustainable Development 18 (3), 172-181.

Spiggle, S. (1994). Analysis and interpretation of qualitative data in consumer research. Journal of Consumer Research 21 (3), 491.

Strauss, A., & Corbin, J. (1998). Basics of qualitative research: Techniques and procedures for developing grounded theory (2nd ed.). Newbury Park, CA: Sage.

Thomas, J. S., Blattberg, R. C. & Fox, E. J. (2004). Recapturing lost customers. Journal of Marketing Research, 41 (1), 31-45.

Tugade, M. M., & Fredrickson, B. L. (2004). Resilient individuals use positive emotions to bounce back from negative emotional experiences. Journal of Personality & Social Psychology, 86 (2), 320-333.

Vaccaro, A. D. & Patino E. D. (2010). Corporate transparency and green management. Journal of Business Ethics, 95 (3), 487-506.

Wang, B. & Liu, G. T. (2015). Energy Conservation and Emission Reduction and China's Green Economic Growth—Based on a Total Factor Productivity Perspective (Chinese). China Industrial Economy, 5 (5): 58-69.

Wang W. J. & Xiang Q. F. (2014). Adjustment of Industrial Structure and the Potential Assessment of Energy Saving and Carbon Reduction (Chinese). China

Industrial Economy, 1 (1): 44-56.
Wu, H., Zhang, A. Q. & Tang, Q. (2018). CSR and Stigma management—the perspective of attribution theory, 30 (7): 218-230.
Xie Y., & Peng S. Q. (2009). How to repair customer trust after negative publicity: The role of competence, integrity, benevolence, and forgiveness (Chinese). Psychology & Marketing, 26 (7), 572-589.
Yan, Y., & Wu, X. 2016. From trust violated to trust regaining. Development of Psychological Science, 24 (4), 633-642.
Yang B. (2014). Different types of corporate greenwashing and its evolution (Chinese). Marketing, (1), 27-29.
Yang B. (2014) The localization of corporate greenwashing in China and its governance (Chinese). Henan Social Science, (4), 19-23.
Yang B. (2015). Working of green food market and consumers' choice in the low trust condition on eco-label (Chinese). Economic Survey, (5), 73-78.
Zhuang Z. L. & Zhuang G. J. (2010). The study on consumer trust repair based on period (Chinese). Journal of Management Science, 23 (2), 52-59.
Zumsteg, J. M., Cooper, J. S. & Noon, M. S. (2012). Systematic review checklist: A standardized technique for assessing and reporting reviews of life cycle assessment data. Journal of Industrial Ecology, 16 (S1), 12-21.

Appendix

Interview guidelines

1. Introduction

2. Warm-up/ice-breaker exercises

 · Define greenwashing

 · Exercise #1

 · Would you like to provide a specific description of your UGC data?

  · Provide samples of environmentally friendly products with brand names.

  · How long have you purchased green products? (Specific periods and frequency are preferred.)

3. Define part one: What were your perceptions of the corporate greenwashing after you learned about it?

 · Your feelings (describe details of your mind-set).

· Probe: perceptions, attitudes.

4. Discuss part two: What were the main negative factors that urged you to give up this brand or the main active factors that drove you to insist on it?

· What makes you like this brand?

· Probe: motivations.

· Focus on: If you did not give up the brand, what were your expectations of the brand or corporation?

· Explore the reasons for high brand loyalty.

· Probe: How were the perceptions shaped?

What features differentiate you from consumers who gave up the green products immediately after learning about the greenwashing?

5. Discuss part three: If the greenwashing corporation wants to regain your trust or your purchases, what strategies do you think are most effective?

· What kinds of strategies help you make your repurchase decision?

· Probe: terminology, operation, recycle, waste disposal, ingredient specification.

· What kinds of comparisons do you want to make with greenwashing products?

· Probe: improvement.

Acknowledgements

The authors gratefully acknowledge the financial support received from the Research Project of Tianjin Education Commission under Grant No. 2020SK112.

后　记

一路走来，收获最多的正是每一位谆谆教导、孜孜不倦帮助及指引我成长进步的良师益友。在书稿完成之际，我按捺不住激动和喜悦的心情，更怀着一颗真挚诚恳的心，表达我对每位支持及厚爱者的感恩之情。

在这整整24个月的潜心苦读时间里，我要特别感谢首都经济贸易大学科研处长、博士生导师祝合良教授。作为我的合作导师，祝合良教授治学严谨、学识渊博、洞察力敏锐、孜孜以求、勤恳奉献，从对书稿的选题、研究理论、框架结构、数据整理，直至撰写、修改和定稿等，每个环节都倾注了导师很多的心血及汗水。在跟随导师学习及研究的过程中，我不仅学习掌握了全新而实用的学术思想、思考方式及研究方法，更树立了明确的学术目标及学术信念，还领会了许多待人接物及为人处世的道理，同时导师严于律己、宽以待人、情系学子的崇高品格以及朴实无华、平易近人、温文儒雅的人格魅力，令人如沐春风、终生难忘。感恩之情溢于言表，难以用语言量度，值此书稿完成之际，谨以最朴实的言语向导师祝合良教授致以最崇高的敬意和衷心的感谢。

同时，我要感谢天津市社会科学界联合会2020年千名学者服务基层大调研项目“十四五期间创新招商方式、加大新动能引育力度的对策研究”（2005002）对本书的资助；感谢天津市教育委员会2020年科研计划项目“群发性信任危机下消费者对绿色产品重购意愿的形成机制研究（2020SK112）”对本书的资助。

感谢天津财经大学商学院硕士研究生王一凡整理国内外文献资料并协助完成海底捞、华为及拼多多等案例的复制和检验工作。

最后，感谢在艰难和困境之下支持和鼓励我追逐学术梦想的家人和朋友们，让我实现又一次质的飞跃，让我再次站上人生新的起点，实现新跨越，开启新征程。

王丹丹

2021年7月